L'ISTHME AMÉRICAIN

DU MÊME AUTEUR :

Percement de l'isthme américain, par le canal de Nicaragua, 1 vol. in-8° avec cartes. 1858. Traduit en plusieurs langues. Deux éditions. Épuisé.

A travers l'Amérique centrale, 2 vol. in-8° avec une grande carte. Paris, Sandoz et Fischbacher, 1867.

Déchéance et liberté, broch. in-8°. Bruxelles, août 1870.

La Constitution nécessaire, l'ordre moral par la liberté, broch. in-8°. Paris, Lechevalier, 1873.

Les civilisations détruites par le catholicisme, *Revue de Belgique*, 15 mai 1884.

Les sept merveilles du monde moderne, *Revue de Belgique*, novembre et décembre 1883 et janvier 1884. — 2° édition illustrée. Bruxelles, Office, 1886.

FÉLIX BELLY

L'ISTHME AMÉRICAIN

NOTES D'UN PREMIER VOYAGE

— 1858 —

PRÉCÉDÉ D'UNE BIOGRAPHIE DE L'AUTEUR

PAR

CH. POTVIN

BRUXELLES

P. WEISSENBRUCH, IMPRIMEUR DU ROI

45, RUE DU POINÇON, 45

1889

FÉLIX BELLY

—o○◦○◦○o—

Les grandes infortunes nous attirent. Est-ce pour l'enseignement qui en sort? Ne serait-ce pas plutôt par un sentiment de justice contre les mauvaises chances de la vie qui menacent les hommes sans exception et les frappent sans choix? Le contraste des grands triomphes, qui généralement ne sont pas plus mérités, s'y ajoute, et l'instinct d'égalité nous avertit sans doute qu'il y a une balance à rétablir entre les appelés et les élus, qu'avoir réussi n'est pas toujours une preuve de la supériorité de l'esprit, de la justesse des conceptions, de l'honnêteté des moyens, non plus qu'échouer ne témoigne absolument du contraire. Alors, quel plaisir généreux n'y a-t-il pas à réparer le terrible aléa des circonstances en s'intéressant aux vaincus, en honorant le malheur? De la sorte, les grands revers éveilleraient en nous une conscience supérieure de la vie qui, se plaçant au-dessus des tyrannies de l'atavisme dont on abuse quand on les applique sans pitié aux victimes de tant d'autres influences, nous apprend que le succès n'est pas Dieu et nous fait apprécier ce qu'on trouve d'élévation d'esprit, de satisfactions morales dans le soulagement des martyrs du sort, dans l'amitié de ces lépreux si durement parfois rejetés du monde.

Félix Belly est né à Grenoble, le 27 octobre 1816. Son père, d'origine savoisienne [1], ancien officier supérieur de l'Empire, était contrôleur des contributions indirectes dans cette ville lorsqu'il y naquit. Sur sa mère, il n'a rien laissé. A de rares moments, des amis lui ont

---

[1] « J'apprends avec plaisir votre origine savoisienne ». Lettre de Cavour à Félix Belly, 7 janvier 1860.

entendu regretter de n'avoir pas connu les baisers d'une mère. La sienne ne dut pas être bien heureuse ni longtemps vivre. Sans l'acte de naissance de son fils, nous ignorerions son nom. Elle s'appelait Marie Berger, voilà tout[2]. Il a dit qu' « aucune fée ne veilla sur son berceau », et le souvenir de son père lui était resté comme « l'unique présage d'une existence qui ne devait jamais connaître le bonheur, la santé, la justice ». Il écrit cela dans une de ces notes détachées[3] qui semblent le dernier épanchement qui reste au cœur dans l'isolement souvent cruel d'un hospice. Et il ajoute : « Une apparition plus lugubre est restée dans ma mémoire, comme le point de départ de ma destinée. Dans une chambre sombre, donnant sur une rue étroite et muette (sans doute la rue Pérollerie, où il naquit), j'entendais, de mon berceau, les derniers râlements d'un homme que visitaient parfois des ombres silencieuses. Cet homme que je n'ai jamais connu, était mon père. Il mourait, jeune encore, à deux pas de moi... »

Ces prémisses de vie ne vont pas à la joie. Cependant, la première lettre qu'il ait conservée nous le fait entrevoir un instant comme un séduisant et noble esprit. L'orphelin que « la société se chargea d'élever », et que, « sans consulter ses goûts ni ses aptitudes, elle jeta dans le moule d'une éducation inepte datant du moyen âge et soumit à des méthodes barbares, orthopédie intellectuelle aussi brutale que le lit de Procruste »; l'enfant obligé, par une rupture précoce, « à se suffire depuis l'âge de 14 ans », l'étudiant qui « voulait être avocat » et qui, « ne pouvant payer ses inscriptions », crut « que la société n'avait pas le droit de lui défendre de s'inscrire » et réclama au ministre[4] (le reste manque), semble n'avoir eu qu'à paraître. À nos yeux, c'est une véritable fée qui lui ouvre la carrière, la bonne fée de la poésie, comme l'appelle Raspail, et que Sainte-Beuve, dans un livre : *Madame Desbordes-Valmore*, nous montre ceinte de l'auréole de la souffrance. Une fée conseillère d'honneur. Il n'a que 22 ans, il habite Paris; l'auteur des *Pleurs* se dit honorée de le recevoir et parle à ce tout jeune homme avec une hauteur d'estime qu'on réserve aux grands caractères : « C'est moi qui vous suis redevable d'un moment de consolation vraiment pure, puisque... vous vous louez du parti que j'ai osé vous conseiller... Mettez donc ma reconnaissance pour quelque chose dans le bien-être que vous

[2] Extrait de l'état-civil de Grenoble.
[3] Page manuscrite, sans date.
[4] Autre page manuscrite.

assure votre courage. Vous êtes digne de l'intérêt le plus tendre, j'en suis sûre. Car vous venez de résister à la plus impérieuse des passions. Croyez-moi, je prédis : l'avenir vous en fera aussi ses remerciements et vous rendra les sacrifices que vous venez de faire, dans un sentiment d'honneur... » [5].

Un homme dont l'existence a été aussi ballottée dans les deux mondes ne peut guère conserver ses papiers de jeunesse. On ne sait donc rien de plus à propos de cette lettre qui devait lui rappeler un rêve d'amour en même temps qu'une prédiction peu réalisée. Après la poétesse de la douleur, sauf un diplôme de membre de la *Société orientale* [6], le hasard veut que ce soient deux hommes d'État qui nous renseignent sur sa carrière. Plusieurs années se sont passées ; en 1848, il est rédacteur de l'*Impartial de Rouen;* Thiers, « en sa qualité de vieux soldat de la presse », le remercie de ses félicitations, dont « la sincérité et l'énergie l'ont vivement touché ». Était-ce à propos de l'émeute de Rouen? Ce que le vieux soldat de la presse ajoute ne peut guère nous renseigner : « Continuons à combattre sans relâche pour l'ordre sans lequel il n'y a point de liberté, pour la liberté sans laquelle il n'y a ni dignité ni bonheur possibles pour la France [7]. » En 1852, c'est Cavour qui lui écrit : « J'ai été, moi aussi, dans le journalisme, c'est assez vous dire combien... j'estime ceux qui s'y dévouent aussi noblement que vous. » Ici la chose est plus claire. Le journaliste, devenu rédacteur de l'*Union bourguignonne*, a pensé que le système représentatif en Europe dépend de l'expérience qu'on en fait en Piémont et il le lui a écrit. Mais la réponse, adressée à Dijon, n'arrive à destination qu'à Paris, où l'écrivain est devenu rédacteur en chef de l'*Élu du Peuple* [8]. L'année suivante, il passe au *Constitutionnel*, et, le 21 novembre 1853, il part pour Constantinople avec des lettres de créance et un crédit illimité « pour étudier la question turque d'une manière positive [9] », recommandé par le ministre, accueilli partout, invité au palais de France, comme le correspondant du *Constitutionnel* et du *Morning chronicle* [10].

<hr>

[5] Lettre de Mme Desbordes-Valmore. Paris, 3 mars 1839.

[6] 28 mai 1847.

[7] Lettre d'Adolphe Thiers. Paris, 16 juin 1848.

[8] Lettre de Cavour. Turin, 30 novembre 1852.

[9] Lettre de recommandation à l'ambassadeur de France, en date de Constantinople, 17 janvier 1854, etc.

[10] Invitation à ses mercredis par l'ambassadeur de France, qui lui donne ce dernier titre. Péra, 25 décembre 1853.

L'expédition d'Orient était en l'air. Était-il envoyé là en vedette, comme plus tard Erdan en Italie, avant une guerre dont le public ne pouvait avoir la confidence? Il faudrait être à même de lire ses correspondances pour juger de leur caractère politique. Leur succès se constate plus aisément. C'est encore le comte de Cavour qui nous l'apprend. L'ancien journaliste de province est devenu rédacteur principal, disent Cavour et Manin, — rédacteur en chef, dit une invitation à dîner du ministre duc de Cazes [11], — d'un grand journal parisien : *le Pays*, qui « jouit à juste titre, lui écrit Cavour, d'une si haute renommée en Europe [12] ». On ne pouvait monter plus haut dans ce qu'il appellera, avec amertume, l'escadron sacré. Lui-même nous apprend que le rédacteur du *Pays* avait eu l'honneur d'être proposé pour la seule décoration politique de cette année : l'année de la prise de Sébastopol et de l'exposition de Paris (1855). Mais, pour le décorer, on ne le savait pas assez « docile ». L'honneur vint d'Italie et de Turquie. D'Italie pour des services à rendre. Le secrétaire d'ambassade, lui annonçant « notre jolie croix de Saint-Maurice », ajoute naïvement : « Nous avons besoin de l'appui de la presse [13] ». De Turquie, pour services rendus, services de publiciste, dit Mehemmed-Djemil en lui envoyant l'ordre du Medjidié [14], tandis que Manin fraternise avec lui [15] et que le prince Ghyka lui envoie de Jassy toute sorte de communications, à propos du congrès de Paris, et fait la maladresse d'y joindre une traite, qui fut refusée, par exemple, avec les honneurs de la guerre [16].

A ce voyage se rapporte, sans doute, un premier succès d'économiste échoué aux mains d'un financier. On sait, sans plus de détails, qu'il avait obtenu du Sultan la promesse du premier emprunt turc, à garantir par les grandes puissances continentales. Enlevé par l'économiste, l'emprunt fut perdu par un homme d'affaires. Le célèbre Mirès voulut aller sans lui à Londres, où sa hauteur de manières gâta tout. Pendant qu'il croyait triompher sous la jambe, un vapeur emportait à Constantinople un négociateur anglais qui eut les gants blancs d'une affaire que le journaliste français avait préparée par une juste vue de la situation et décidée par sa confiance communicative.

[11] 14 janvier 1856.

[12] Paris, 23 novembre 1855.

[13] Turin, 10 juin 1856, etc.

[14] Lettre du 25 janvier 1858.

[15] Paris, 3 novembre 1856.

[16] Télégramme, avec copie de la réponse au bas, 3 mai 1856.

Cependant, l'élu du peuple, c'était l'homme du coup d'État et, depuis 1852, le *Pays* s'intitulait *Journal de l'Empire*. On comprend que le journaliste à qui Ch. Reybaud avait offert l'*Union* de Dijon en 1850 [17], qui allait être présenté par Le Play à la Société internationale des études pratiques d'économie sociale [18], qui était membre de la Société d'économie politique que dirigeaient Dunoyer, Passy, Chevalier et Garnier, ait été de ces économistes que leur opposition au socialisme tourna contre la république et rallia un instant à l'Empire. Lui-même a exposé sa situation : « J'étais alors rédacteur d'une feuille semi-officielle, jadis républicaine, que M. de la Guéronnière, son directeur, oublieux d'une protestation (contre le coup d'État) oubliée de lui seul, avait inféodée avec éclat au régime triomphant. Je figurais dans l'escadron sacré... On se plaignait bien, de temps en temps, dans le cénacle du lieu et dans les sphères supérieures d'où partait chaque jour le mot d'ordre autocratique sous la forme d'un homme noir à lunettes, que je ne fusse pas aussi docile et aussi intelligent de la situation qu'on l'aurait désiré. J'avais la faiblesse d'aimer le droit plus que le fait, la liberté plus que l'Empire et la justice plus que la faveur... Je me permettais même parfois des sorties d'indignation, parfaitement ridicules...» Ailleurs, il dira qu'il avait été un jour « rudement tancé, par l'ordre de M. Billaut, pour avoir reproduit, en l'approuvant, une note du *Moniteur* lui-même ». (*A travers l'A mérique cen*r*le*, t. II, p. 115.) Ici, il dit : « J'avais reçu un jour, au *Pays*, un avertissement solennel, pour avoir écrit une vérité banale, niaise même, sur les fonctionnaires turcs, vérité qu'un hatti-chérif du Sultan proclamait huit jours après » dans le *Moniteur* [19].

On ne s'expose pas à un troisième affront, quand on est homme à dire de soi ce qu'il ajoute ici : « Je me suis agenouillé à Berlin devant Humboldt mourant... J'aurais baisé le bord de la soutane usée de Mgr de Cheverus à Bordeaux et de Mgr Miollis à Digne, et, si nous vivions sous les Antonins, j'élèverais un autel domestique à Daniel Manin et au comte Cavour. Mais... » Il vient

---

[17] Lettre de Ch. Reybaud du 30 août.

[18] Lettre d'admission, du 27 novembre 1856.

[19] *Histoire financière et morale du canal de Nicaragua*. Lettre à M. De Langle, ancien ministre de la justice. Manuscrit incomplet, 1863. J'ignore si elle a paru, à moins que ce ne soit la *Simple histoire*, que nous rencontrerons plus loin. Il a dit (t. II, p. 321) que le garde des sceaux ne daigna pas même lui accuser réception de ses lettres. — Voir aussi la *Lettre aux sénateurs*. (Note 43.)

de dire : « Je suis assez mal fait pour ne pas comprendre et surtout pour ne pas admettre les résignations qui conduisent à l'impunité du mal ». Alors, il raconte au procureur impérial comment, depuis de longues années, une indiscutable propriété restait confisquée par une conspiration administrative et judiciaire. La victime s'était adressée à lui. Il eut beau faire. Ce journalisme qu'il regardait comme « la plus haute institution du siècle », son journal, qu'on lui disait si renommé, sa plume, dont Thiers lui avait vanté l'énergie et Cavour la noblesse, lui parurent impuissants à défendre le plus simple droit privé. « Nous avons rétrogradé jusqu'aux bastilles déguisées! » s'écrie-t-il. (*Histoire financière, etc.*) Dans son livre, il tire la conclusion : « Il n'y avait plus de dignité possible dans la discussion des grands intérêts de la patrie, soumise aux avertissements et aux apparitions officieuses de *l'homme noir*. Je me rejetai sur les questions extérieures, et principalement sur les questions américaines... » (T. II, p. 117.)

Des cordes n'auraient pas manqué à son arc s'il avait voulu rester en France. Il était « directeur du Musée des sciences »[20] lorsque, entraîné par « ses besoins d'activité et de grandeur morale », il se résolut à quitter l'Europe.

Ses succès dans la presse lui étaient venus de ses qualités. Ses échecs seront dus aux vices des hommes, aux revirements financiers, aux violences de la politique. Mais d'abord, dans le Nouveau Monde comme dans l'ancien, il semble n'avoir besoin que de paraître. En 1855, il avait publié dans le *Pays* un article intitulé : *Suez et Panama*, dont le secrétaire général de l'exposition l'avait félicité en lui annonçant qu'il l'envoyait au Père Enfantin : « Voilà de la presse utile, fertile, *religieuse*[21]. » Un second avait suivi. Aussitôt, par « ce privilège de la presse d'attirer à soi, comme par enchantement,... les documents, les publications, les hommes spéciaux, lumières éparses et perdues qui se trouvent ainsi réunies sous sa main au grand avantage du public... », il peut tout approfondir et entrer dans ce qu'il appelle cette « étude prestigieuse où la passion saisit les plus froids ». (T. II, p. 117.) Ce n'était pas un esprit froid sur qui se concentrait tout « ce monde latent ». Le 15 juin 1856, la *Revue contemporaine* publiait, sous sa signa-

---

[20] Lettre du ministre des finances, 11 avril 1857. (Voir t. II, p. 109.)

[21] Lettre d'Arlès-Dufour, 27 octobre 1855. Belly a dit qu'il ne connaissait ni lui ni Enfantin (t. II, p. 116).

ture, une étude qui fit du bruit dans les deux mondes. Dans le *Pays*, il avait présenté les deux entreprises comme solidaires. Ici, il prenait énergiquement la défense des républiques de l'Amérique centrale contre le flibustiérisme qui les avait mises à sac, à feu et à sang et ne cessait de les menacer, pendant que le général ambassadeur Lamar tentait de leur imposer un traité (Cass-Irizarri) qui eût détruit toutes les garanties existantes où l'Angleterre et les États-Unis s'étaient engagés à respecter leur indépendance (traité Clayton-Bulwer, 1850. Voir le texte, t. II, p. 464), et qu'une querelle était suscitée à l'Angleterre pour favoriser l'intrusion. Cet article est le premier de lui que j'aie pu lire, et son succès s'explique. On y reconnaît le publiciste instruit et brillant. Il possède sa matière et la manie avec une facilité sans ostentation, où chaque détail semble naître sous la plume. Le sujet est présenté vivement. Le titre annonce un *conflit anglo-américain*, menaçant *la politique de l'équilibre du nouveau monde*. A peine les deux puissances alliées ont-elles clos leur conflit avec la Russie que les États-Unis leur en suscitent un nouveau, comme pour venger le vaincu de Crimée. Du premier mot, ainsi, la France et l'Angleterre sont mises en cause. Et ce ne sont pas uniquement leurs intérêts ni leurs droits qui sont compromis. La doctrine Monroë devient un danger. Des prétentions « qui ne seraient pas tolérées un jour en Europe » s'affichent tout haut chez ce peuple « brutalement matérialiste ». Il ne s'agit même pas de « sauver l'Europe d'une honte, l'Amérique d'une dépravation », les républiques centrales du ravage et de l'annexion; c'est la neutralité des passages interocéaniques et avec elle l'ordre universel qu'il est urgent de sauvegarder. On dirait une mise en demeure à l'Europe de ne pas laisser égorger une nation dont l'indépendance est la condition première d'une route internationale qui doit rapprocher de 2,000 et jusqu'à 3,800 lieues les ports des cinq parties du globe.

L'article eut plus de retentissement que l'auteur ne le sut d'abord. Aussitôt, donnant corps à l'idée, il formule un projet, le soumet à des établissements de crédit, qui hésitent, le communique à la Société d'économie politique, qui lui exprime sa grande satisfaction de ce qu'il l'a fait reposer sur les bases les plus libérales et les plus avantageuses pour le commerce de tous les pays [22], demande une simple mission de l'État et ne l'obtient pas d'un ministre qui se dit suffisamment renseigné (note 20), traite avec une banque et part pour Greytown, le 17 février 1858. Il y arrive le 12 mars; le 1ᵉʳ mai, la conven-

[22] Lettre du 2 août 1857, signée par les quatre directeurs.

tion est signée à Rivas [23], « dans une chambre trouée de boulets [24] ». —
« Tout y avait été prévu, » dira Michel Chevalier dans les *Débats*
(1859). On s'étonne ; c'est à croire à une improvisation sans solidité.
Furia francese, dirait-on en italien. Qu'on voie aux détails : on se
trouve devant une œuvre méditée sur pièces, marquée d'avance par la
sûreté du coup d'œil, préparée par la verve du publiciste, propagée
même par l'opposition qu'elle soulève. L'Empire à son apogée, l'alliance de la France et de l'Angleterre régnant au congrès de Paris,
l'autorité du rédacteur en chef du *Pays*, l'étude de la *Revue contemporaine*, la réputation qu'elle lui fait de défenseur de l'Amérique
centrale, les dénonciations mêmes qui le représentent comme un
agent de l'Empire, tout lui sert. Il faut lire les journaux pour et
contre, espagnols, américains, anglais, pour le comprendre, à la
vivacité d'espérance des uns, à la violence d'attaque des autres.
A New-York, il n'est pas d'injures ni d'accusations qui ne le pour-
suivent. A San-José, à Rivas, il expose ses idées et persuade. « La
haute capacité de la conception, » comme dira Figuier, est décisive.
Il a pris soin de décliner toute délégation officielle ; c'est avec un
simple journaliste qu'on traitera. Mais il a saisi la situation : à ces
républiques en ruines sous le passage des boucaniers, en dissenti-
ment sur des questions secondaires, il présente une politique
d'union pour un grand but, une politique de sécurité et de prospérité
qui rendra le commerce du monde entier solidaire de leur indépendance. « M. Belly me demanderait la moitié du territoire de la
république, je la lui donnerais », avait dit le président Mora. La
seule *furia*, c'est, malgré l'interprète dont il a souvent besoin, son
idée simple et juste. Sans lui, on était bien près de signer, en gémis-
sant, le traité d'abdication ; il parle, ce qu'on signe, dans la joie,
c'est la Convention de Rivas. « Un chef-d'œuvre de diplomatie, »
dira Figuier [25].

Son grand ouvrage contient l'exposé de ses vues politiques et il a

[23] Texte sur parchemin, traduction espagnole en regard. Publié en français, t. II, p. 166. — Lettres d'accueil des présidents, invitation, etc.

[24] *Percement de l'isthme de Panama, par le canal de Nicaragua,
exposé de la question*, par Félix Belly, in-8°, 178 pages. Librairie nouvelle.
Avec cartes. — « La seconde édition porte le titre plus exact de *Percement
de l'Isthme américain*, « dit-il, t. II, p. 201. — Traduit en plusieurs
langues. — Je n'ai pu me procurer cette brochure, dont je trouve une
citation dans le *Courrier du Dimanche*, 14 novembre 1858, et le premier
titre dans le feuilleton de *la Presse* de Figuier (voir note 25).

[25] Feuilleton de la *Presse*, 13 novembre 1858.

raconté plus d'une fois ce premier voyage. Nous publions, d'après la *Revue de Belgique*[26], ses notes premières, écrites jour par jour. Ici, à peine avons-nous le temps de respirer, car le voilà aux États-Unis, où les sarcasmes accueillent « le petit Français », « taille Napoléon Iᵉʳ », qui parle « le pire des anglais ». L'annonce de la convention a mis la presse en émoi. Un autre acte de même date ne pouvait guère rester caché : les deux républiques, craignant les flibustiers, s'y mettaient « solennellement, par une délibération commune, sous la protection de la France, de l'Angleterre et de la Sardaigne » et donnaient « pleins pouvoirs à M. Félix Belly de réclamer en leur nom le concours de tous les bâtiments de guerre européens qu'il pourrait rencontrer » contre « les pirates et les boucaniers[27] ». C'était un coup hardi. On se voyait arracher des mains le traité Irizarri. Insolent factum ! crie-t-on, et le feu prend aux poudres. MONSIEUR BELLY, ce nom se lit en tête de cent journaux, avec toute la variété des qualificatifs et des sous-titres. On remet sous les yeux du public ce qu'il y avait de plus vif dans la *Revue contemporaine*. On lui prête toute sorte de projets, même sur l'or californien qui irait si bien à la Banque de France. Au risque de se contredire, on annonce son désaveu par l'Empire ; on l'exige de l'ambassadeur de France. L'exhumation des restes de Monroë (4 juillet) vient à point conspirer contre « ce déluge d'*idées napoléoniennes* », comme va dire un journal de Londres[28]. Lui, laissant faire, va aux autorités. A New-York, c'est l'ambassadeur de France qu'il ramène au vrai et qui le présente à l'ambassadeur d'Angleterre (t. II, 186). A Washington, il expose ses vues au président. Avant de partir, c'est au public honnête qu'il s'adresse : de son meilleur français, il écrit au *New-York Herald* pour établir la loyauté de sa position, rectifier les erreurs, plaider la possibilité du percement, montrer l'intérêt qu'y ont les États-Unis les premiers, prétendre avoir mérité, par les principes du traité : l'égalité des pavillons et la neutralité du canal, leur estime et leur reconnaissance[29]. En même temps, il se fait devancer en Europe par le texte de la convention, l'envoie au ministre du Foreign-Office, qui le trouve dans les conditions du traité Clayton-Bulwer[30] ; le publie dès son arrivée à Paris, où il trouve des

---

[26] Sept livraisons, d'août 1888 à janvier 1889.

[27] Texte original.

[28] *The Statesman*, 13 juillet 1858. (Cahier d'extraits de journaux.)

[29] *New-York Herald*, 13 juillet 1858. — Voir aussi t. II, p. 189.

[30] Lettre de lord Malmesbury, 11 juin 1858. — Traduite par les journaux. V. *la Patrie*, 9 octobre, et t. II, p. 184.

difficultés financières et du mauvais vouloir politique ; le communique à la Société d'économie politique, qui y applaudit encore. Mais il importe de constituer une société financière, de négocier un emprunt, et il s'aperçoit vite que le grand obstacle est l'ignorance de l'affaire et du pays. Alors, il publie un exposé de la question (voir note 24), l'envoie aux ministres de France, d'Angleterre et de Sardaigne, obtient les éloges des plus grands publicistes, l'approbation des chambres de commerce de Gênes, d'Anvers, de Hambourg, etc., va à Berlin offrir la présidence honoraire de son conseil à Humboldt, s'associe un ingénieur. Il ne perd pas des yeux les fluctuations de la politique extérieure : les violences du général Lamar contre « le contrat Belly » et en faveur du traité Cass, ses menaces au Nicaragua, « faute de rompre avec ce monsieur », d'imposer par les armes une indemnité de six millions de dollars à ce peuple « incivilisé » ; — la protestation énergique du consul nicaraguien à Londres (4 octobre 1858) [31] ; — la nouvelle d'une expédition de Walker mettant Washington en émoi ; — l'envoi d'une note diplomatique de la France et de l'Angleterre annoncé et démenti ; — une déclaration du président des États-Unis déterminé à arrêter les actes illégaux (8 décembre) ; — l'opinion, aux États-Unis, la regardant comme une formalité sans portée, et y répondant en mettant « la loi au défi [32] », etc. — Il reste en correspondance avec les deux présidents, MM. Mora et Martinez. Il n'est guère prêt ; il a bien obtenu, acheté, le désistement de sa première maison de banque, dont le crédit est ébranlé ; il a bien rallié quelque peu les hommes officiels ; mais les capitaux manquent. Partir avec 50,000 francs pour 30 hommes dont quelques ingénieurs, c'était peu engageant. Il le faut pourtant, car c'est par une prise de possession des terres concédées et un commencement des travaux qu'on peut tout emporter. Il s'y décide. Même dans ces conditions, ce départ (17 février 1859) est un événement qui se voyait « pour la première fois depuis trois siècles et demi » (t. II, p. 224.) Et l'*Illustration* publie la carte du canal, et annonce qu'une seconde expédition suit de près la première [33].

Il a rempli deux chapitres, la dixième partie de ses deux volumes, des péripéties de cette expédition : succès dans le pays, trahison dans

---

[31] *La Patrie*, 8 octobre 1858. (Extraits.)

[32] Titre d'un article du *Courrier des États-Unis*, 25 décembre 1858. *Ibid.*

[33] *Illustration*, 1859, p. 159, etc., avec plan du projet de canal.

son personnel et à Paris. Joignez à cette « diffamation de l'Europe »
la pression des États-Unis (t. II, 239), et tout s'explique. La stagna-
tion des affaires était générale, la guerre forçait des centaines de
millions à rester sans emploi. Dans ces circonstances, quand les petites
affaires toutes faites se maintiennent difficilement, les grandes entreprises à entamer sont laissées aux déclassés comme une proie sans
maître. Il en fut victime. Tout ce qu'il eut à souffrir d'intrigues et
d'escroqueries est incroyable. Il n'était pas homme à fléchir devant
ce « banditisme d'Europe ». Il se sent, sous la main, tous les éléments
essentiels d'une colonisation (t. II, 272), il ne les abandonnera pas à la
légère. Un seul exemple : son ingénieur a vu à peine le fleuve San-
Juan qu'il le déclare impossible à canaliser, ce que devaient démentir
toutes les études officielles ultérieures, les publications même de
ses ennemis (v. p. 153, note 1), ce que démentent encore les plus
sérieux projets. Aucune insulte ne lui est épargnée par des gens
qui ont exercé, dit-il, le pillage en grand de tous ses titres, documents, papiers. Il y a des moments où l'indignation lui échappe. Son
associé va jusqu'à refuser, à Paris, une de ses traites pour quinze
misérables cents francs, lui qui dans chaque lettre comptait sur des
centaines de mille. Le protêt le perdra, c'est ce qu'on veut. Ren'rer à
Paris, en appeler à la justice, il n'hésite pas et n'y réussira guère,
car on le tient par les dettes contractées en son nom. Menacé d'être
arrêté, il doit se mettre à l'abri : « Enchaînement d'œuvres de ténè-
bres », dit-il (t. II, p. 295).

« Tout croulait, excepté ma volonté. » Il va à Marseille, y fait
« une publication très explicite en mars 1860 », dont je ne connais
que ce mot (t. II, p 306), prend quelque repos à Alger, publie dans
la *Revue des Deux Mondes*, coup sur coup (15 juillet, 1er et
15 août 1860), trois articles : *La question de l'isthme américain*.
Le président du Costa-Rica, Rafaël Mora, le sauveur du pays, ayant
été fusillé dans une guerre civile (30 septembre 1860), c'est au président du Nicaragua qu'il adresse une lettre qu'il publie[34], où il
réclame une prorogation de son traité. Enfin, il s'exile à Genève
(déc. 1861), « pour conserver le droit de protester et d'agir » (II, 325).
Pour protester, il adresse une seconde plainte au parquet de Paris.
Pour agir, il lui faut une année. Avant qu'elle fût expirée, il
partait avec un traité de la Banque générale suisse, signé James

[34] *Canal de Nicaragua*, à son excellence le général Th. Martinez,
président, etc. 15 septembre 1861. Paris, imprimerie Remquet.

Fasy [35], et six mois après, malgré les guerres civiles qu'il trouve sur sa route, malgré la crise de la Californie, malgré le vote des deux républiques qui ont modifié sa convention d'une manière funeste, et leurs appréhensions, assez légitimes, contre tout projet que ne garantira pas un cautionnement, après des alternatives d'écrasements cruels et d'espérances inopinées, il peut signer une convention nouvelle (11 juin 1863) [36]. Le souvenir de ses anciens services, la bonté de sa cause, son intégrité et sa persuasion l'emportaient, et la réponse à ses spoliateurs était triomphante. Elle déchaînera de nouvelles calomnies, s'appuyant sur la bruyante mise en scène d'une société financière, avec le concours des grandes puissances, force administrateurs de haut nom, banquiers en crédit, ingénieurs connus et, pour cheville ouvrière, un escroc [37], qui exploitait sa propre concession escamotée d'un tour de main. Rentré à Genève, deux choses étaient urgentes : attraire ses spoliateurs en justice, mais surtout donner au traité nouveau un commencement d'exécution. Là aussi, il trouve des tiraillements. Le moment convenait-il bien à une telle entreprise? On avait assez de raisons pour en douter à la Banque. Tout d'abord, il faudrait acheter un navire; il fait le tour de l'Italie, celui qu'il avait en vue lui échappe. Un échec politique de Fasy aggrave les dissidences. Il a à répondre à un factum paru en Amérique, il le fait dans l'*Opinion nationale* (22 octobre 1863). Il se plaint de ne pouvoir travailler à son livre. Il publie une *Simple histoire du canal*, dont les traces me manquent, sauf une note où il dit qu'il l'envoie à quelqu'un, et à moins que ce ne soit la lettre à **M.** De Langle, dont j'ai déjà parlé (Voir note 19). On pense même à l'indemniser. Jeter le manche après la cognée serait dur pourtant. On se propose d'envoyer en Amérique un agent qui s'établira sur le fleuve. Fasy voudrait que ce fût Belly. Lui met en avant un marquis, membre du conseil de la Banque. Mais si l'on s'entendait avec son spoliateur? Belly, jamais! (T. II, 354.) Il se lasse et annonce qu'il va se fixer à Paris, rentrer dans la presse. Cette demi-rupture « force tout le monde à s'expliquer ». La Banque se décide à mettre à sa disposition une somme destinée « à fonder un établissement sur le fleuve

---

[35] Extrait du registre des procès-verbaux des séances du conseil d'administration de la Banque Suisse, 4 novembre, sur timbre. — Convention, etc. Genève, 8 novembre 1862.

[36] *Contrata de canalización*, texte espagnol sur parchemin. (Voir la traduction, t. II, p. 335.)

[37] Note produite en justice, rappelant les condamnations, etc.

San-Juan » [38]. Il sera seul juge de l'installation et des dépenses. Le marquis l'accompagnera. Quatrième voyage, quatrième mésaventure.

Il n'a pu que brièvement, dans son livre, nous dire : son installation à cet endroit où le fleuve sort du lac et que l'amiral Nelson avait appelé « le Gibraltar intérieur de l'Amérique centrale »; la maison qu'il s'y bâtit, la soudaine population qu'il y groupe, pendant que le noble associé, avec qui il a dû rompre, se pavane ailleurs. Dans ses carnets, il donne les détails. Il a quitté l'Amérique en décembre 1863, au moment où la proclamation de l'empire mexicain y révoltait les esprits. Quand il y revient, l'empire français réclamait du Guatemala et du Nicaragua trois millions d'indemnités pour les pertes subies par ses nationaux pendant les guerres civiles. Il y retrouve néanmoins sa popularité d'autrefois, rajeunie par la déconfiture de ses spoliateurs. On le reconnaît quand il passe et on le salue de son nom. « Cela est plus sérieux qu'un marquisat [39] ». Mais la construction de sa maison, dont il nous donne le plan, le heurte à toutes les exploitations que semblent autoriser les haines politiques. A peine a-t-il dit avec joie : Ma *caseta* est terminée, que de nouvelles avanies le rejettent au découragement. On va jusqu'à lui contester sa propriété. Que de fois tout lui a semblé perdu! Cette fois, ce sera la dernière. Il se sent « envahi de la soif inextinguible de revoir la France et d'abandonner *pour toujours* ce pays maudit » (11 novembre). La situation « change subitement, comme par enchantement, par l'initiative personnelle du président du Nicaragua » à la nouvelle de ces procès injustes. C'est en vain. Un homme d'intelligence et de cœur ne transforme pas d'un mot les mœurs invétérées des masses. La phrase n'est pas achevée dans ses notes, que les refus de travail, les vols, les scandales recommencent, s'acharnent sur ses préparatifs de départ, le suivent sur sa route et tournent au comique, à bord, où sa domestique s'installe dans la meilleure cabine, laissant se caser son maître où il peut (16 janvier). Un mot d'enfants montre jusqu'où va ce sentiment qui fit édicter dans la loi romaine des XII Tables un droit éternel contre l'étranger. Une fillette de 8 ans à qui il refuse l'aumône lui répond : « A quoi êtes-vous bon, alors? » et un garçon du même âge l'appuie : « Oui, pourquoi venez-vous dans notre pays? » (6 décembre 1864.)

Les notes, prises sur le fait, abondent en scènes de mœurs pareilles; des études d'économiste s'y mêlent, au milieu de plaintes montant

[38] Carnet, 1er mai 1864.

[39] Lettres à Fasy et à son avoué, 14 juin 1864, copiées dans son carnet.

du fond de l'abîme. Mais, au moment de ses appels à la Providence contre « la scélératesse triomphante », on le voit apprendre l'espagnol, faire le menuisier pour placer des tablettes à ses fenêtres, se plaire dans les environs de San-José (2 juin 1863) ou devant sa blanche maisonnette « après un grand nettoyage »; s'arrêter, au moment où il « se sent disposé à tout condamner », dans un délicieux chemin à travers des prairies d'une adorable fraîcheur (Libéria, 21 juin), raconter avec émotion la mort et l'enterrement d'une enfant, la nuit, dans sa pirogue sur le fleuve (12 juillet); et, dans l'ombre profonde « des écrasements sans espoir », écrire des paroles comme celles-ci, à propos de petites filles de 2 ans qu'il voit jouer à bord de l'*Ocean Queen* et qu'il voudrait pouvoir embrasser des journées entières : « Comme l'enfant devient charmant à ceux qui ont souffert du contact des hommes ! » (9 août 1863.)

Décidément, les hommes n'y pouvaient rien : son amour pour cette belle nature et son enthousiasme pour tout ce qui est sain et beau ne le quitteront qu'avec la vie.

On ne s'expliquerait pas des échecs qui s'échelonnent ainsi de 1859 à 1865 si on ne connaissait l'état politique de l'époque. Ce projet, dont le Prince de la Paix avait écrit, dans ses mémoires, qu'il faudrait, pour le mener à fin, « une heureuse succession d'années pacifiques », ne pouvait faire un pas qu'à travers une suite ininterrompue de guerres d'un bout du monde à l'autre. Toutes les questions d'indépendance des peuples, de revision des traités, de constitution intérieure des États, qu'on avait plus d'une fois déjà résolues par les procédés de l'opinion : révolutions populaires, congrès nationaux, ou diplomatie, le troisième empire cherchait à se les réserver, en vue de l'hégémonie napoléonienne, par les armes. Il devait y trouver des alliés, des rivaux, des vainqueurs. De 1859 à 1865, en Europe, c'est la guerre d'Italie, après la guerre de Crimée; puis l'expédition du Danemark annonçant la Prusse et préparant Sadowa; en Amérique, c'est la lutte contre la sécession, sans compter d'incessantes guerres partielles. « J'ai trouvé, en abordant, tout le pays en armes. » (15 mai 1863.) « Je suis destiné à voir des coups d'État dans les deux mondes. » (28 juillet 1863.) C'est surtout l'intervention française au Mexique. Elle devait empêcher Brasseur de Bourbourg de voir même Palenké et elle détruisait pour longtemps le prestige de la France. « Une défiance incurable, » voilà ce que Belly finit par trouver partout. Deux de ses actions l'attesteront mieux encore. Ce journaliste français, qui, en 1858, a vu deux républiques se mettre, en sa personne, sous la protection de la France, en 1863 il rédige avec elles

une nouvelle convention et se croit obligé d'y déclarer les contrac-
tants européens, Fasy et lui, « tous les deux domiciliés à Genève
(Suisse) et n'invoquant d'autre nationalité que celle de la république
helvétique ». Enfin, ce *salvador*, aimé, soutenu par les chefs recon-
naissants, connu de la population intelligente, en arrive à craindre
un assassinat et écrit au consul des États-Unis à Léon qu'il a l'intention formelle de... devenir citoyen américain [40]. Cela dut lui être assez
cruel. Aussi, même en face de la mort, et quand il l'appellera de tous
ses vœux, il n'oubliera jamais de protester contre « les institutions
liberticides de son pays ». (1886, voir note 105.)

Revenu à Paris en 1865, on lit sur son carnet, à la date du 25 mars :
« En rentrant, j'ai trouvé une carte de M. L. (son avoué) avec ce seul
mot : *Gagné.* » Grâce à l'un de ceux qui avaient le plus contribué à
ses échecs, mais qui, atteint à son tour, était intervenu au procès et
avait mis les faits au jour, l'instance, plaidée par M. Ernest Picard, avait
réussi. Le tribunal déclarait qu'il n'avait jamais cessé d'avoir les droits
pouvant résulter de la convention de Rivas, et condamnait les défen-
deurs à lui restituer ses documents et à lui payer, les uns solidaire-
ment 25,000 francs, et un autre la même somme [41]. Ce verdict favorable
ne l'empêchera pas de dire : « Dès que j'eus mis le pied en Europe,
je m'en repentis » (t. I, p. 217), ni de répéter combien il regrette
« sa maisonnette, et le plateau devant sa véranda et le flot du lac
venant mourir au pied de sa terrasse ». Il avait dit : Pour toujours.
Trois ans s'écoulent à peine : après de nouveaux déboires en Italie [42],
qui le forcent à traverser à pied le mont Cenis pour regagner Paris
avec 30 francs dans sa poche ; après une année de travaux de presse
assez mal rétribués, dont le titre même du journal est resté en blanc,
mais qui lui procurent le loisir d'achever et de publier son grand livre ;
après une tentative de créer un journal : *la Civilisation*, dont l'octroi
lui est refusé, ce dont il se plaint dans une lettre aux sénateurs [43], il
finit ses deux volumes en se disant « trop épuisé pour recommencer
une lutte dévorante » ; mais le charme ne le quitte pas, il rêve de
trouver « le repos et l'oubli sur le plateau superbe d'où il a embrassé
pour la première fois l'enceinte de la baie de Salinas », et si, plus

[40] Lettre copiée dans son carnet. Corinte, 25 février 1869.

[41] Voir le texte du jugement. *Gazette des tribunaux*, 25 mars 1865.

[42] Appelé à la direction d'un journal qui trahit ses engagements. Contrat
du 22 juillet 1865, et cahiers, 23 avril 1866.

[43] *Lettre aux sénateurs*, 8 février 1866. Genève, imprimerie Carey,
16 pages.

tard, il peut assister, sentinelle perdue, au passage d'un navire à travers l'isthme : « Je le saluerai, dit-il, comme le fruit indirect de mes efforts méconnus... » (t. II, p. 420-421). Illusion persistante ou inextinguible tourment, resté d'un grand rêve !

Il faudrait s'arrêter à ces deux volumes : *A travers l'Amérique centrale. Le Nicaragua et le canal interocéanique* (Paris, 1867, librairie de la Suisse romande), qui restent « le livre d'or » de ces républiques, où Élisée Reclus, dans une étude spéciale de la *Revue des Deux Mondes* (15 mars 1868), trouve « un travail des plus précieux » et qui fit appeler partout l'auteur le De Lesseps du Nouveau-Monde [44]. Il faudrait y montrer l'homme tel qu'il y paraît, avec la connaissance sérieuse du sujet dans ses antécédents historiques comme dans ses conditions industrielles, la générosité des idées, l'art d'exposer et de peindre ; dire les vaines poursuites de personnages politiques qu'il n'avait précisément pas flattés ; le concours que lui a apporté la Société d'économie politique pour sa publication [45] ; les conférences qu'il commence à donner à Paris [46], à Genève, à Vevey, à Lausanne, à Lyon, sur un sujet qu'il possède ; les félicitations des hommes d'État de l'Amérique centrale et des ministres d'Europe ; le succès auprès des journaux qui sollicitent sa rédaction, comme la *Presse* et le *Temps* ; enfin, l'attrait que présente aux hommes d'affaires ce capital d'informations qu'il serait regrettable de laisser improductif. Trois ans ne se passeront pas sans qu'il parte une cinquième fois pour le pays de ses songes. Une société de financiers l'a chargé d'y rechercher des gisements « de minerai auro-argentifère » [47]. Saint-Nazaire, Panama, Punta-Arénas, Nicoya, Léon, Grenade, Val Menier, Nicaragua, Grenade, San-Salvador, Corinte, San-José, Panama, en six mois, du 7 novembre 1868 au 2 mai 1869, il refait le tour de ces contrées, qu'il quitte pour New-York. Pendant que la guerre a tourné les esprits, une nouvelle atteinte le menace. Michel Chevalier a repris son projet, calqué un traité sur le sien, institué une société internationale. Il proteste au cœur même du pays, dans les deux langues, et convoque une réunion publique à Léon.

[44] « Sur mon exemplaire, j'ai ajouté à votre nom : Le Lesseps américain ». Lettre de Jomard, 1867.

[45] Lettre de Joseph Garnier, 18 février 1867. Lettre du président Mora, de Cavour, etc.

[46] Salle du Grand Orient, la première, 26 janvier 1868. (Cahiers : *L'Époque*, du 26).

[47] Genève, 5 octobre 1868, acte sur timbre entre MM. de Beauregard, etc., suivi des souscriptions.

Il parlera un « détestable espagnol », mais il s'expliquera, et la presse prend parti pour lui [48]. Il part pour New-York, rentre en France, publie une *Note* à son compétiteur, lui annonce la constitution d'une société pareille à la sienne, lui offre un accord honorable. Ce manifeste public porte la date du 15 juillet 1869 [49].

Ici, trois des sources, assez incomplètes, d'informations que j'ai pu consulter : les carnets, les extraits de journaux et les actes et correspondances, font défaut. L'année terrible approche : entreprises, contestations, rivalités, autant en emporte le vent! Seulement, la dernière page de son carnet contient ces simples mots : « New-York, le 2 mai 1869. Arrivé hier dans le port, à 6 heures du matin. Arrêté par la quarantaine à cause d'un Californien malade de la petite vérole. Vaccination en masse des passagers ordonnée... » Je passe les tracasseries, de bien petites choses à côté du résultat de ce vaccin forcé. Quand on connaît le reste de sa vie, cette note fait frémir. Le premier document que je trouve après une lacune est un passeport pris à Gênes pour Buenos-Ayres. Sous le signalement, à la rubrique *signes particuliers*, on lit : « Cicatrice au-dessous de l'œil droit [50]. » Le vaccin était impur. Cette tache annonçait un cancer qui lui dévorera la face.

Une quatrième série de documents nous le montre, pendant et après la guerre, dans une activité fébrile et une politique intransigeante d'économiste libéral. Il a donné, en 1870, une seconde édition de ses deux volumes et distribué, le 5 mai, un programme self-gouvernemental d'un journal : *Quatre-vingt-neuf.* Je trouve en manuscrits et en brochures : pendant l'investissement de Paris, un projet de décret d'alimentation imposant au commerce les prix fixés par lui-même comme rémunérateurs avant le siège et qui ne peuvent être surélevés sans constituer un agio sur les malheurs publics ; un autre sur les loyers et effets de commerce [51] ; — après le siège, un projet de payement des cinq milliards, basé sur le principe des responsabilités politiques attribuées à l'Empereur, aux ministres, aux députés, etc. [52] ; puis une brochure : *Déchéance et liberté*, appel ému à la

[48] *El canal*, etc., placard sur deux colonnes. Léon, 13 février 1869.

[49] In-4° de 4 pages. Havre, typographie Santallier. Et lettres antérieures de Michel Chevalier.

[50] Passeport du consul. Gênes, 11 janvier 1874.

[51] Deux manuscrits, avec une lettre de J. Favre.

[52] *Payement des cinq milliards, sur le principe*, etc., 4 feuillets manuscrits.

paix et à la fraternité : « Nous ne pleurerons que le sang répandu à flots, s'il nous reste, en échange des milliards dépensés, LA LIBERTÉ [53] » ; — après la guerre de la Commune enfin, une missive à M. Thiers à qui, le 17 juillet 1870 [54], il avait écrit encore une lettre d'adhésion : « J'étais un de ceux qui, il y a dix-huit mois, vous félicitaient de votre opposition à la guerre », et avec qui il rompt en lui reprochant d'avoir laissé commettre des massacres. Un détail le concerne ici : il demande pardon à Dieu d'avoir ambitionné, sous le premier chef de la République, une position consulaire qui lui était due (dans sa chère Amérique, sans doute), et il entend rester dans son exil volontaire [55]. Cela n'était pas sans danger, car on sait qu'on rechercha comme impliqué dans la Commune cet économiste, absent de Paris, qui, dans sa brochure du mois d'août, faisait encore à la République un grief de « son alliance adultère avec le socialisme ».

Une telle tension d'esprit ne peut durer. Si, le 24 février 1871, il a parlé à Marseille sur le siège et la capitulation de Paris [56], en 1872, c'est à l'isthme qu'il revient dans une conférence au Cercle artistique de Bruxelles et en d'autres villes du pays. La *Revue de Belgique* y applaudit en la résumant [57]. Alors, la lutte pour l'humble pain quotidien se dresse devant cet homme qui pendant quinze ans s'est habitué à lutter pour de grands intérêts. Il reprend quelques relations avec la presse, envoie des articles à l'*Économiste français*, publie, « .à l'avènement du 24 mai », une brochure : *La constitution nécessaire, l'ordre moral par la liberté* [58], manifeste suivi d'une charte de self-gouvernement, où l'idée annoncée dans le prospectus de *Quatre-vingt-neuf*, plaidée en passant dans *Déchéance et liberté*, est mise en articles de loi. Clore l'ère des révolutions et des coups d'État, rien ne le peut que le gouvernement du pays par le pays, telle est sa doctrine. Quand il reviendra à ce sujet, en 1880, dans un projet d'introduction à un livre et qu'il citera une page de cette brochure, il nous apprendra que les hommes du 4 Septembre l'ont proscrite, et que toute l'édition en fut perdue, car le lendemain de sa mise en vente, elle fut retirée

[53] Bruxelles, août 1870, chez l'auteur. Imprimerie Witteman.

[54] Carte où Thiers remercie et donne cette date.

[55] *Lettre au président*, etc., 2 décembre 1871. Manuscrit.

[56] Programme imprimé.

[57] 15 février 1872.

[58] Paris, Lechevalier, 1873. — *Id.*, le même texte revu et annoté par l'auteur, pour servir d'annexe à « un livre de bonne foi et de vérités éternelles » dont « ce projet de constitution, dit-il en commençant la préface de la brochure, n'est que la conclusion pratique ». (V. note 93.)

par l'éditeur « sur un ordre mystérieux ». (P. 11 du manuscrit cité à la note 72.)

L'Amérique, cependant, ne le lâchait point. Il y voyait une existence libre, son *self-help* à lui, au milieu des enchantements de la nature, et peut-être le mirage du succès, tenace comme la vie. En 1863, ses carnets nous disent qu'il avait rédigé, au Nicaragua, un projet de banque nationale. En 1872, il l'élargit en un plan de banque européo-américaine. La République de Guatemala en donnerait la concession, la France en serait la promotrice et, à défaut d'elle, la Belgique et l'Angleterre. La légation guatémalienne à Londres approuve. De Guatemala, le président l'encourage. A Bruxelles, M. Bischoffsheim père, frappé de l'idée, recommande l'auteur, à Londres, à ses neveux ; à Paris, à M. Bamberger. L'état des affaires européennes et le peu de crédit des républiques espagnoles arrêtent des négociations dont le banquier belge a voulu faire les frais [59].

Le directeur de la *Revue des Deux Mondes* lui avait écrit en 1868 : « Il faut tâcher de nous revenir, et c'est peut-être un moyen de ne pas laisser perdre de vue votre grande affaire » [60]. Le conseil était excellent. Du fond de l'Amérique, sur une plage déserte, dans sa *caseta* inachevée, il écrit à M. Buloz (10 mars 1869) en lui envoyant une étude, qu'il a « acceptée en principe », mais qui le fit hésiter devant un sujet pour le moins prématuré. Belly ne lui cachait pas que, s'il se trouvait dans le pays même dont il explorait le passé, rien « ne pouvait suppléer au contact de la science européenne » ; mais il réclamait l'indulgence et espérait que la *Revue* voudrait bien, « sans accepter la responsabilité de ses audaces ethnographiques, les accueillir comme un point de vue nouveau ». Le titre ne semblait pas fixé. De quelque manière qu'on s'y prît : *Le Nouveau-Monde ne serait-il pas l'ancien monde? — Les Américains nos ancêtres,* — cela devait sembler fort paradoxal. Bref, l'étude ne parut point. En 1872, un premier succès en Belgique l'encouragea à risquer ce sujet devant un auditoire qu'il crut « familier avec les questions de l'homme fossile qui font partie du patrimoine national ». Là, il n'aurait pas « à recommencer l'histoire des découvertes du monde antédiluvien ». Pour plus de sûreté, il fit imprimer le sommaire de cet « essai d'ethnographie préhistorique ». Mal lui en prit. Un journal hebdomadaire alla jusqu'à des railleries d'un goût douteux et d'une

[59] Projet et dossier de cette affaire.
[60] Lettre du 14 mars 1868.

dureté indubitable [61]. Belly connaissait les pays dont il parlait, il y avait trouvé partout des vestiges nombreux de civilisation avant la conquête ; il s'y était lié avec le célèbre abbé Brasseur de Bourbourg [62], qui s'était initié aux langues et aux traditions de ces pays par vingt-cinq années de voyages, de résidence et de ministère ecclésiastique chez les Indiens. Il avait connaissance de ses nombreuses publications, en possédait plusieurs, avait assisté avec lui, dans un coin de forêt vierge semée de ruines antiques, à la représentation, par les Indiens, d'un vieux drame indigène, dans la langue originale, avec la musique et la danse traditionnelles [63], « comme il y a mille ans », et, un jour, on les avait réunis dans un banquet, pour les fêter. S'il avait présenté les faits et les hypothèses sous la forme d'une biographie du savant, avait raconté ses voyages, exposé ses découvertes de manuscrits et de chroniques, analysé ses nombreux ouvrages : une histoire du Mexique en 4 volumes, un cours à la Sorbonne en 1864, la traduction d'un livre sacré des Quichés, des lettres sur le Mexique, ses essais d'interprétation des hiéroglyphes mexicains, sa grammaire quichée, son vocabulaire Maya, le catalogue raisonné de sa bibliothèque mexico-guatémalienne ; s'il avait exhibé les belles gravures des ruines de Palenké, dont Brasseur a écrit l'introduction, et l'étrange et superbe fac-similé du manuscrit Troano, publié par le gouvernement français, quelle objection aurait-on pu lui faire ? C'est au hardi défricheur qu'il eût fallu réserver le nom d'insensé que Brasseur rapporte qu'on lui donna plus d'une fois. Il crut cette précaution oratoire d'autant moins utile qu'il devait, à chaque page, s'autoriser du maître. On le traita d'ignorant. Comment la *Revue de Belgique* n'en dit-elle rien ? Cela m'étonne. Il dut y avoir un malentendu. Il nous aura crus membres du Cercle et auditeurs habitués de ses conférences ; aura eu la délicatesse de ne pas nous prévenir lui-même, préférant attendre de notre initiative que de demander au début de nos relations un nouveau service. Le fait

[61] Article offert à la *Revue des Deux Mondes*, et préface manuscrite d'un livre en projet.

[62] « Reçu la visite de M. Brasseur de Bourbourg ». Carnet, 10 mars 1863.

[63] Brasseur parle souvent de ces représentations et mentionne trois de ces « ballets parlés » : le Xaho-tun (*Le tambour sacré*), représenté pour lui par ses paroissiens de Rabinal en janvier 1856. (*Histoire du Mexique*, 1857, t. I, p. xxviii et lxxxiii.) — Le Hunahpulquoy (*Le singe de Hunah*), « que les Indiens du Guatemala exécutent à certaines fêtes » (*Popol-Vuh*, livre sacré, etc., 1861, p. ccliv et 180) — et le Rabinal Achi (*Le sire de Rabinal*) dont il a publié le texte et la musique (*Grammaire quichée*, 1862). — Je n'ai pu savoir auquel de ces drames Belly avait assisté.

est que, pour ma part, c'est seulement après sa mort que j'ai eu connaissance de cette soirée, d'après les journaux qu'il avait conservés et le récit qu'il avait rédigé de ses mésaventures. Nous n'étions pas informés, il nous aura crus indifférents. *Habent sua fata...*

Certes, des objections existaient et subsistent encore. Peut-être Belly s'appuyait-il trop sur l'unité de la race humaine et semblait-il tenir sans nécessité à nous faire venir de là-bas. Il lui eût suffi d'établir que la race noire dut être la première, au moins sous les tropiques, que les distinctions de races n'ont pas été créées à priori, une fois pour toutes, blanches, noires, rouges, jaunes, par Sem, Cham, Japhet... et quelque autre, etc.; que les relations des deux continents avant Colomb ne sont plus à nier; qu'en présence de « l'excessive mobilité de l'élément humain, incessamment traversé, comme l'océan, par des courants et des contre-courants mystérieux », rien ne peut s'écrire *ne v..r.etur* dans aucun système, pas même dans l'orientalisme; que, le sanscrit ne représentant pas la souche des langues plus que le gorille le père des races, « l'hypothèse aryenne est un classement partiel, non une solution générale », et qu'on peut aussi — et dès lors on le doit — étudier d'autres groupes d'idiomes, de peuples, de monuments. Alors, après avoir écarté, comme il le fit, les préventions religieuses et les routines des académies, — il aurait pu y ajouter celles de la presse, — comme « déplacées dans le domaine scientifique », s'il avait demandé que toutes les portes s'ouvrissent à une science nouvelle « dont Humboldt avait jeté les germes », — le mot est d'un adversaire de Brasseur, Vivien de Saint-Martin, — une science ayant ses fossiles humains, ses villes exhumées, ses langues, ses pyramides, ses temples, ses littératures connues, ses hiéroglyphes à déchiffrer, qui donc lui aurait refusé le droit de bourgeoisie? L'abbé Brasseur avait dit : « Je demeure ce que Dieu m'a fait, Flamand et libre, décidé à ne soumettre au préalable mes opinions à personne (*Lettres sur le Mexique*, p. IX) », et il ne faudrait pas modifier cent mots de la longue étude destinée à la *Revue des Deux Mondes* pour qu'elle pût servir de préface aux Congrès qui, lorsque Belly voulut en faire un livre, avaient conquis sa place au soleil à l'américanisme.

Cependant, n'est-il pas autre chose, de moins hasardé, dans son expérience spéciale, qui puisse être utile au pays dont il est l'hôte? Il connaît l'essai de colonisation de Santo-Thomas (1842-1845). Sa catastrophe subite l'a toujours étonné. Il cherche dans le *Moniteur belge* les rapports récents de notre consul au Guatemala. Ce qu'il savait du pays y est confirmé. Les causes de l'échec ne peuvent être imputées à l'idée même. Elle était excellente et elle reste bonne. L'unique difficulté pour la reprendre est le discrédit où elle est tombée par suite de l'échec de la compagnie. Il veut ramener l'opinion au vrai ; l'*Écho du Parlement* lui prête sa publicité ; un ancien colon l'applaudit dans un journal démocratique liégeois, et, en juin 1872, il fait circuler, à Bruxelles et à Liége, les statuts provisoires d'une « Société populaire franco-belge d'émigration dans l'Amérique centrale ». Le but est d'obtenir 400,000 hectares de terres dans la république guatémalienne, y compris tout le bassin du port de Santo-Thomas et d'Amoa, et à prendre en longeant les rives du fleuve Matagua, pour les diviser et les revendre à des colons européens. Il ira demander la concession, sera le directeur de la colonie, s'engage à payer de sa personne en y résidant. Cent mille francs suffiraient [64]. Les souscriptions vinrent, mais on ne va pas si vite en besogne. Il eût fallu miner la prévention, réussir en haut lieu, attendre. Attendre est ce qu'il pouvait le moins. En attendant, le voilà à Marseille, à bord d'un navire partant pour Buenos-Ayres [65].

Spectacles nouveaux : Gibraltar, Ténériffe :

Ténériffe n'est pas ce qu'un vain peuple en pense,

les îles du cap Vert, la Ligne, Montevideo, le rio de la Plata, Buenos-Ayres. Débuté par une conférence sur l'isthme, succès dépassant toutes les prévisions (18 mars); nomination aussitôt à la chaire de littérature française de l'université (31 mars); commencé son cours devant 46 élèves (14 avril), au point de vue politique et moral; préparé dans ce sens un livre de lectures progressives; projeté une revue du Nouveau Monde, que les journaux appuient, que la législature subventionnera... quand subitement, il donne sa démission, pour « prendre les devants », dit-il. Resté correspondant de l'*Économiste* [66], il avait, à propos d'une élection, osé y toucher à un parti qui allait vaincre : on crie que c'est insulter à la nation. En vain l'opposition lui offre un journal, il s'y refuse, veut paraître en public et donne sa conférence ethnographique avant de partir. Il part pour le Brésil, s'attache, à Rio-Janeiro, à la rédaction du journal *O Globo*, est reçu par l'Empereur, entreprend avec le commandeur Magueira, dans l'intérieur du pays, des excursions dont

[64] Dossier de cette affaire.

[65] 15 janvier 1874. Nouveau carnet.

[66] Dossier de quelques articles envoyés de la République Argentine et du Brésil et parus dans l'*Économiste*. — Extraits de journaux dans les cahiers.

les notes sont malheureusement égarées. « Un événement dans sa vie, » écrit-il à la première étape (29 décembre 1874). C'est alors qu'il devait raconter comment il rencontra un indigène, réfractaire de milice par amour, qu'on allait fusiller, exhiba sa mission impériale, osa lui donner une extension peu prévue, et, bon gré mal gré, sauva d'autorité le jeune homme, le rendit à sa fiancée, suspendit son propre voyage pour courir chez l'Empereur solliciter un bill d'indemnité pour lui et obtenir la grâce pour le beau nègre, qu'il appela *Liberado* et qui voulait rester à son service. Il ne put le garder longtemps. Le 25 juillet 1875, il était rentré en France, et le 1er août je le retrouve à Bruxelles, où la direction du *Globo* lui a fait de bonnes conditions comme son correspondant d'Europe [67].

Alors viennent les pires années de sa vie. Il envoie régulièrement ses lettres au Brésil et n'en reçoit rien de régulier. Bientôt il se lasse de réclamer et dit en notant un envoi : « Je n'écris plus que pour l'acquit de ma conscience ». Il fait des traites pour ses honoraires En attendant qu'on les paye, il essaye du prospectus d'un ouvrage sur les diverses essences de bois qu'il a étudiées au Brésil et qui pourraient servir, en Europe, à la fabrication des meubles de luxe. Les intéressés restèrent indifférents, et les gouvernements indécis [68]. Ses lettres au Globe ne paraissent pas toujours. Celles qui lui reviennent imprimées l'agitent. Ils ont donc reçu aussi l'annonce de ses traites, et ils n'y répondent pas. Il en devient malade : « Que Dieu me sauve, si c'est possible! » Enfin, deux traites reviennent, non payées (2 octobre). Il était malade et allait avoir faim. Le 8 novembre 1876, il fut trouvé blessé, au seuil d'un hôpital de Bruxelles, après une tentative de suicide. Les journaux le nommèrent; on rappelait ses travaux, « on soupçonnait d'autant moins qu'il fût en proie à la misère qu'il n'avait rien demandé à personne et avait à Bruxelles une vingtaine d'amis au moins qui lui seraient venus en aide [69] ». Il survécut et, ses amis étant prévenus, il devint pour quelque temps leur pupille. On lui procura des ressources, et, le plus possible, par des travaux littéraires. Mais il n'aimait pas être à charge. Son mal commençait à l'inquiéter; la tache ronde grandissait et s'approfondissait lentement, avec une impitoyable sûreté. Il trouva qu'il était temps d'y mettre ordre S'il était dans l'Amérique tropicale, la nature y a des plantes et l'instinct des

[67] Dossier du journal *O globo*.
[68] Lettre du ministre des travaux publics de France, 10 octobre 1876.
[69] *Écho de Bruxelles* du 20 novembre 1876 reproduisant une correspondance de *la Meuse*, de Liége.

nègres y a trouvé des dépuratifs qui lui serviraient. Pour prix d'un
service rendu à un ambassadeur, il a demandé un paquet de feuilles
de coca, qu'il mâchait pour se purifier le sang de l'odieux vaccin. Il
apprend qu'en Corse, on connaît une plante qui répond à ses vues. Il
y va. En route, à Aix, à Lyon, il donne des conférences sur l'isthme.
Il en donne une à Rome (25 mars 1877), que publie en italien le
Bulletin de la Société géographique [70]. Puis il adresse une lettre au
Courrier d'Italie. L'opposition que ce journal fait aux dépenses militaires l'a réjoui; il court à la rescousse d'une de ces causes qui ne
le laissent jamais froid. La lettre, trop vive, fut refusée « comme
dangereuse pour l'unité italienne » [71]. Quelle opération lui fut faite en
Corse, nul ne le sait. Il la croyait réussie et il rentra à Marseille, où
il avait un ami sûr. L'ami était absent; la misère le force à s'abriter
à l'hôpital. Sa plaie sera son passe-port. Mais il avait fui la chirurgie,
la faim le livre à elle sans défense. Quand il put revenir en Belgique,
il avait l'œil droit extirpé et le front couvert d'un bandeau noir.

Mais il s'agit bien de souffrir! La lutte est là encore, la lutte
dévorante, comme il a dit. Il a commencé un exposé de longues
études sur l'histoire du catholicisme. Il le reprend, ainsi que l'ethnographie américaine : « J'ai peut-être posé maladroitement la question... Ce n'est ni dans une conférence, ni dans une série de revue
qu'un sujet si délicat et si complexe peut être embrassé. Il y faut un
livre méthodique, » écrit-il dans une préface, où il raconte ses
désagréments. (Voir note 64.) Enfin, il revient à l'organisation de la
société moderne, troisième ouvrage préparé de longue main. En
mars 1879, il rédige une pétition à la Chambre française en faveur
des libertés communales. « Il développe sa thèse avec beaucoup de
vigueur et d'éclat, dira le rapporteur; mais elle ne constitue qu'un
brillant paradoxe. » Le rapport y met aussi une certaine vigueur,
et la Chambre passe à l'ordre du jour sur la pétition n° 969. Ce sera
un épisode pour son livre [72].

Mais ce n'est pas de ces travaux qu'il s'agit. Le rapport sur la
pétition ne parut qu'en 1880. En 1879, la vraie lutte de sa vie le
ressaisit. « La paix règne dans l'Amérique centrale, et ce fait est
assez remarquable pour que nous nous empressions de le signaler, »

[70] *L'istmo americano relazione letta dal dottor F. Belly,* etc. Roma,
G. Civelli, 1877.

[71] Manuscrit et note à la suite.

[72] Manuscrit. Projet d'introduction, contenant la pétition et le rapport.

avait-il écrit à l'*Économiste* du 9 novembre 1878[73]. M. de Lesseps jugea le moment favorable, et bientôt, adoptant un projet de percement de l'isthme, il convoquait, pour le 15 mai 1879, un congrès géographique à Paris. Après le congrès, la *Revue des Deux Mondes* ne crut pouvoir faire rien de mieux pour exposer la question que de résumer « autant que possible les magnifiques travaux de M. Belly »[74]. Et Belly n'y avait pas été convoqué. Il était à Paris cependant ; le 17, le président de la commission technique lui répond que « la commission l'entendra avec intérêt[75] ». C'était le retenir dans les coulisses. Ici, j'ai pour guide un souvenir personnel. Quelque temps après le congrès, un de ses membres les plus distingués vint chez moi. Je n'avais pas l'honneur de le connaître, mais nul n'ignorait ses travaux et sa compétence. Lui ne connaissait de Belly que son livre ; mais un ami l'avait prié de prendre des nouvelles du malade ; ne le voyant pas assister au congrès, il comprit vite pourquoi et l'envoya chercher. Alors, si je pouvais donner la parole au savant, on l'entendrait raconter d'enthousiasme comment cet homme qu'il avait vu si pauvre et si *playé* se mit à parler avec tant d'autorité, montra une connaissance des lieux, des hommes et des projets, une exactitude de renseignements telles que la commission fut un instant dominée. J'ai dû chercher son discours dans le résumé officiel. On avait fait, en faveur du Panama, la comparaison des deux principaux systèmes. Il la rectifie pied à pied. Là, 73 kilomètres de détroit, dont un massif de montagnes occupe les trois quarts, et qui exigera des tranchées allant jusqu'à 80 mètres de haut. Ici, du lac à la mer, 25 kilomètres seulement, et la Cordillère disparue, ne laissant que de petits massifs d'une longueur de 8 kilomètres à peine. Là, tout en faisant aux ensablements momentanés et sans solidité du San-Juan des reproches qu'il réfute, on proposait un port artificiel difficile à creuser et à maintenir devant une mer battue d'un continuel ressac. Ici, des baies naturelles à choisir, comme celle de Salinas, et offrant un abri sûr aux navires. Mais le principal n'est pas encore cela. Au Guatemala, une population ouvrière sur place, prête au travail, « coupeurs de bois sans rivaux », au salaire modique, aisée à approvisionner dans un pays riche en cultures, céréales, fruits, cacao, café, et couvert d'une réserve d'un demi-million de bêtes à cornes. Au Panama, une solitude, sans hommes, sans moissons, sans

---

[73] Dossier sur le congrès de Paris.

[74] Article de M. Edmond Planchut, du 1er août 1879. *Ibid*.

[75] Lettre du 17 mai. *Ibid*.

bétail ; pas même un jardin autour de la ville. Donc, une entreprise tributaire de l'importation pour toute chose ; personnel, matériel, nourriture devant venir par mer, même le maïs indispensable. « Redoutable inconnu que de savoir si on peut ainsi créer de toutes pièces une société entière, sans autre garantie que le commerce extérieur ! » (*Compte rendu des séances*, Paris, 1879, p. 225-230.)

Pour qui n'avait pas son siège fait, c'était décisif. Ce récit n'aurait pas besoin d'autres commentaires ; une correspondance le complète. Le lendemain, un membre du congrès lui écrit : « Votre position ne peut que grandir en restant pour le moment silencieux... La position est établie. » Le 28, nouvelle lettre : « Un premier vote a été émis en faveur du Panama, et comme on joue avec des cartes biseautées, je crains fort qu'il ne soit confirmé demain. La plupart des délégués étrangers se sont abstenus [76]. » Ce que ce membre entendait par cartes biseautées, c'était la composition du congrès, dont 74 membres sur 145 étaient Français, et plusieurs sans autre délégation que le choix de l'intéressé ; le reste représentant soit une exploration personnelle, soit un gouvernement, soit une société de géographie avec mandat régulier. C'était aussi la hâte à conclure : « Huit jours pour étudier, résoudre une question pareille... « Il y eût fallu des mois entiers, s'est écrié le président de la commission du commerce, M. G. Levasseur, pour réunir les documents, etc., et vous nous donnez quelques jours à peine. » (*Revue des Deux Mondes*.) — Enfin, rien n'était mûri ni préparé. La même revue, sans oublier la question des milliards, rappelle une belle parole de l'amiral de la Roncière : « Le projet auquel je donnerai la préférence sera celui qui exige le moins de sacrifices de vies humaines. » Mais cette fois, l'honorable amiral « a gardé le silence, et le congrès l'a imité ». La question d'humanité n'est pas mise en cause. — Même ce qu'on livre à la discussion ne tient pas. On proposait un tunnel ; un membre a publié une brochure où il prouve que ce tunnel, où la colonne Vendôme tiendrait debout [77], est impossible [78], et l'amiral américain Ammen ajoute qu'il serait rempli, une partie de l'année, par les débordements du Chagrès. Séance tenante, on y renonce. On évaluait la dépense à 500 millions ; on la double, on la triple presque.

---

[76] Lettres de M***.

[77] Mot de M. De Garay, délégué du gouvernement mexicain. Compte rendu du congrès, p. 251.

[78] *Canal interocéanique*, etc., notes et documents présentés au congrès du 15 mai 1879 par Pouchet et Sautereau, avec plans, etc. Paris, 1879.

Un membre américain l'avait évaluée à 5 milliards. Le côté séduisant du projet était l'absence d'écluses. Les ingénieurs du pays déclarent cela impossible. Va-t-on céder encore sur ce point? C'est le seul atout qui reste dans ces cartes; on le garde. On devra y renoncer, plus tard, devant la force des choses. « Un seul témoignage n'a pas été invoqué, dira-t-on, celui de la nature [79] ».

L'abstention vint surtout des délégués étrangers. C'était la façon la plus polie de voter contre. Belly a résumé les travaux du congrès [80]. Sur 145 membres, 74 ont dit oui, parmi lesquels « une dizaine de hauts fonctionnaires... qui n'avaient aucun titre... ». Huit ont osé dire hautement non, et on y remarque les ministres plénipotentiaires du Guatemala et du Nicaragua. — J'y vois aussi (brochure De Puydt) M. Eiffel. — Seize ont déclaré s'abstenir, y compris le ministre du Costa-Rica, l'amiral Ammen et le président de la Société de géographie d'Anvers. Trente-sept s'étaient absentés, autre manière convenue d'opposition. « C'est une victoire au moins douteuse, » dit-il.

Ce qu'il ne dit point, c'est qu'un de ses amis, dont je retrouve le nom parmi les membres du comité d'administration, lui avait proposé de le faire entrer dans l'entreprise. Pourquoi s'y serait-il refusé? L'isthme peut être percé de tant de manières, depuis sa plus étroite langue de terre, au sud, qui a donné lieu à trois différents projets pour passer directement de l'Atlantique au golfe de Panama, jusqu'à ceux qui, voulant utiliser la Méditerranée du Nicaragua, partent tous de Grèytown pour arriver au lac en remontant le fleuve San-Juan, et aboutissent au Pacifique par autant d'endroits qu'il s'y trouve de baies : baies de Salinas (projet Belly), de Brito (projet Childs et Blanchet), d'Escalante (projet Sonnenstern), allant du lac au Pacifique; baies de Tamarando (projet Levasseur), de Réalejo (projet Louis-Napoléon), de Fonséca (projet Squier), en passant du lac de Nicaragua au lac de Managua; enfin, jusqu'à l'isthme le plus au nord, celui de Téhuantepec. L'entreprise pouvait être votée en principe, et le choix remis à des hommes spéciaux. Après les explorations privées comme celles de Sonnenstern qui a mis vingt ans à dresser la carte, jointe aux deux volumes de Belly, « la seule qu'on puisse consulter avec fruit », dit Schiffmann, et les grandes études officielles faites pour les États-Unis, il leur eût suffi d'un voyage sur tout le parcours pour se fixer. Mais qui eût osé imposer

[79] *Les tracés géologiques du canal*, etc., par Schiffmann. Extrait du *Moniteur scientifique Quesneville.* Paris, octobre 1880, p. 1.

[80] *La Semaine industrielle.* Liége, 29 mai et 5 juillet 1879.

son idée, un rêve peut-être, dans une entreprise qui pourrait coûter au pays autant que l'invasion étrangère, comme s'exprimait la *France financière* du 27 juillet. M. de Lesseps ne pouvait ignorer le livre de Belly. Il devait savoir que ni sa fortune, ni sa santé ne lui permettaient d'antagonisme personnel, et on pouvait lui dire dans son conseil d'administration qu'il n'accepterait pas de complicité, si cher payée qu'elle fût, dans une œuvre impossible, mais qu'une œuvre sérieusement étudiée n'aurait pas d'auxiliaire plus dévoué ni plus modeste. Le vote fut emporté. Le lendemain, Belly écrit :

« Vous m'avez offert, la veille de l'ouverture du congrès, de me ménager une position dans la nouvelle entreprise de M. de Lesseps. J'ai accepté en termes généraux, me réservant d'apprécier la moralité et les chances de succès de l'entreprise. Mon opinion est faite aujourd'hui, et cette opinion ne me permet pas de m'associer en quoi que ce soit à la cause qui a triomphé hier. Je viens donc vous prier de ne plus songer à moi. Je ne vous en remercie pas moins, etc. [81] »

Ce refus suffisait à sa conscience. Pour la fortune publique, il se crut un autre devoir. Le 14 juillet, il adressait au procureur de la République, à Paris, une plainte où il dénonçait la souscription comme une « manœuvre d'escroquerie ». Sauf quelques mots pareils, il expose, discute, raisonne, et se borne à demander qu'on empêche « toute autre souscription que celle du capital nécessaire à une société d'études pour faire vérifier sur place les plans et devis, etc. ». M. de Lesseps n'avait pas agi autrement pour l'isthme de Suez.

Belly brûlait ses vaisseaux. Il doit faire autographier sa lettre [82] ; tout le monde, comme le lui écrit un imprimeur de Bruxelles, « se souciant peu d'aller en cour d'assises ». Mais les journaux s'en emparent, la commentent, la traduisent en anglais, en espagnol, la reproduiront à chaque baisse de l'entreprise. Des brochures paraissent dans le même sens [83], et on reproduit l'article 405 du code pénal applicable à la circonstance [84]. Si des milliards s'engouffrent, ce ne sera pas faute qu'on ait été prévenu.

Tout le monde s'attendait à un grand procès. Les journaux l'annoncent en gros caractères [85]. L'organe spécial de l'entreprise se borne

[81] Copie d'une lettre datée de Paris, 30 mai 1879. Même dossier.

[82] Lettre autographiée. Paris, 14 juillet 1879 Même dossier.

[83] *La vérité sur le canal*, etc., par Lucien De Puydt, ingénieur. Paris, Scheiller, 1879.

[84] Le *Mercure* du 8 décembre 1880, article signé L. De Puydt.

[85] *La France financière*, 3 août 1879, etc. Même dossier.

à déclarer que « certain du succès, M. de Lesseps attendra que la lumière soit faite sur la valeur des attaques dirigées contre lui à la dernière heure » [86]. Quelle autre heure aurait pu prendre son contradicteur? Il n'avait pas même été appelé au congrès et, quand on réclama sa présence, il n'y eut pas voix délibérative. Pouvait-il se prononcer avant de rien connaître? Le promoteur, au contraire, avait pu prendre son temps et pouvait encore prendre conseil. Belly attendit toute sa vie ce succès certain ; il l'attend encore dans sa tombe.

Ce membre du congrès me rendait visite pour avoir des nouvelles du lutteur qu'il avait vu sur la brèche. Sous le sceau du secret, je pus lui apprendre que Belly était en mer. Une grande banque l'avait chargé de faire diligence pour devancer M. de Lesseps et obtenir un monopole nouveau. Et bientôt, une brochure espagnole allait annoncer au Nicaragua cette nouvelle face de la question [87].

Toujours la lutte, et quelle lutte ! un pauvre contre un millionnaire, un lépreux contre l'hôte des cours, un échappé du suicide contre « le grand Français ». 13 août, signature de la délégation, avec garantie de 100,000 francs au gouvernement du Nicaragua, et projet de traité [88] ; 18, départ de Southampton ; 24 septembre, arrivée à Grenade ; 5 novembre, envoi d'un mandataire à Managua. Le 8 décembre, tout était préparé pour le traité, quand le câble transatlantique annonce la faillite de la banque et la fuite du banquier. Il avait fallu un homme de hardiesse. Cet homme, c'était le rival des Rothschild, le créateur de la Banque européenne, un autre Mirès, M. Philippart. Écrire au président une lettre digne, que les journaux publient avec une réponse qui le « remercie encore d'un quart de siècle consacré à la grande œuvre du pays », il ne restait que cela à faire, puis à partir [89]. Pour la septième fois, comme pour l'emprunt turc, le financier tuait l'œuvre du publiciste.

Il n'y avait plus qu'à mourir. Il n'y pensera cependant que quatre ans et demi après. Alors il écrira à son ami : « Je meurs tout entier

[86] Reproduit dans la *Gazette de Liége* du 15 septembre 1879. Même dossier.

[87] *Nueva faz de la cuestion de canal,* Grenade, au Nicaragua, 3 décembre 1879.

[88] Trois actes sur timbre. Dossier Philippart.

[89] « Extraits de mon livre de notes américaines » (du 18 août 1879 au 8 janvier 1880). Copie de la lettre du 9 décembre 1879. Réponse du président, 10 décembre, en espagnol, manuscrit. Et dans *El canal de Nicaragua*, 3ᵉ année, numéro du 14 décembre 1879. Même dossier.

et je meurs complètement inconnu, même de vous. Je ne pouvais me faire connaître que par mes trois livres... » (Voir note 104.) Au lieu de mourir, il reprend cette trilogie, après un repos difficile à trouver : « Je ne me suis occupé que de mon mal, qui n'a pas cessé de progresser », et après un mauvais hiver : « J'attends le printemps comme une plante » [90].

L'esprit de ces trois œuvres nous est déjà apparu. L'autonomie humaine en est l'idéal, le but, et comme le sang et l'âme. Chaque fois que les hommes sont laissés ou rendus à eux-mêmes, ils se groupent d'instinct, puis de propos délibéré, enfin, par la science du droit, en familles, en communes, en fédérations ; organismes aussi naturels à la société que la constitution du corps à l'homme. Il revient toujours sur ce point, et souvent avec enthousiasme : « Tout est autonomie dans le monde organique et même inorganique. Il n'est pas un être, pas un atome doué d'une vie quelconque, ne fût-ce que celle de l'attraction moléculaire, qui ne se développe spontanément selon les lois de sa propre nature. Depuis le noyau qui devient arbre jusqu'à la cellule qui devient peuple, tout se meut, se gouverne, se distribue et s'harmonise automatiquement » [91]. — « La société a ses lois économiques et morales qui ne demandent, pour être aussi parfaites que les lois planétaires, que d'agir comme elles en pleine liberté [92]. » Ce type qu'il aime à retrouver en Amérique, il le voit chez les Celtes, ancêtres des Français [93], et il le montre aussi dans le christianisme primitif : « Ce que nous appelons aujourd'hui le *self government* était donc, au début du christianisme, dans le sens le plus radical du mot, la règle universelle, la tradition immémoriale et le droit respecté » [94]. Partout où l'esprit césarien, sous quelque forme que ce soit : conquête, religion, politique, a étouffé ce développement naturel, il dénonce l'ennemi radical, séculaire, mais non éternel.

La première de ces œuvres : *L'américanisme*, pourrait s'appeler le berceau du *self-help*. Il le montre brûlé, pulvérisé, en Amérique, par le fanatisme religieux et la rapacité conquérante. Il avait classé les

[90] Lettre à un ami de Bruxelles ; de Bayonne, 30 décembre 1880.

[91] Feuille détachée de cet ouvrage en préparation.

[92] Lettre à un inconnu, copie.

[93] *Civilisation ou barbarie*, chap. I : *L'héritage de César*. Manuscrit. — « Tel était le résultat spontané d'un État social basé sur la liberté de l'individu et sur l'autonomie de tous les groupes naturels et s'élevant d'échelons en échelons jusqu'à la forme rationnelle de la fédération. » Page 24.

[94] *Histoire morale du christianisme*, ch. II : *Les temps primitifs*, p. 24, feuille détachée du manuscrit.

matières, accumulé les documents, suivi les découvertes, esquissé la préface, qui seule nous reste avec l'article destiné à **M. Buloz**. Il n'assista pas au premier congrès des américanistes (Nancy, juillet 1875), il était en mer, retour du Brésil; ni au second (Luxembourg, septembre 1877), il devait être à l'hôpital de Marseille. Mais avec quel plaisir il dut noter, dans le Compte rendu, des affirmations comme celles-ci du savant anglais Fr. Allen : « Les pyramides d'Égypte, les cités en ruines, les temples, les palais et les citernes de l'Hindoustan, la grande muraille de la Chine, n'attestent pas un état de civilisation plus avancé que les antiquités découvertes sur tous les points de l'Amérique... — La civilisation primitive de l'Amérique se trouve ainsi être nécessairement reliée à cette civilisation également primitive qui, dans l'ancien monde, paraît avoir précédé les civilisations aryenne et sémitique... — Sur une surface mesurant un million de lieues carrées environ, on trouve en grande abondance les restes d'ouvrages attestant l'existence, en Amérique, dans l'antiquité la plus reculée, de races parvenues à un haut degré de civilisation. Ces ouvrages sont en tel nombre que leur simple énumération exigerait tout un volume. Ce sont des cités en ruines, des palais, des routes, des temples, des réservoirs, des forts, des statues, des levées, des rochers couverts de sculptures, des tablettes hiéroglyphiques, des idoles, des armes, des outils, des ornements, des ustensiles domestiques et des manuscrits. (*Compte rendu*, etc., t. II, p. 198, 200 et 201.) »

Quel enthousiasme aussi quand il voit Élisée Reclus résumer un livre anglais [95] dont l'auteur, qui vécut parmi les Peaux-Rouges, admis dans un de leurs *totems*, constata dans le Nouveau Monde une des institutions primordiales de l'humanité, les premier et second degrés de l'ancienne société, avant la cité, avant la famille, degrés perdus dans l'histoire, restés en des mythes obscurs, et retrouvés chez les aborigènes actuels d'Amérique et d'Australie, — ou bien le Dr Ledegank nous rapporter que c'est dans cette Amérique, où les Européens ne rencontrèrent ni le cheval, ni aucune espèce congénère, qu'on vient d'en reconstituer, par des fossiles, « non seulement les premiers ancêtres, mais l'arbre généalogique presque complet» [96].

Pour le second de ces livres : *Histoire morale du catholicisme*, l'épigraphe empruntée à saint Jean Chrysostome le caractérise : « Tout

[95] *Ancient society*, par Lewis H. Morgan, New-York, 1887. (Feuilleton de la *République française* du 2 novembre 1877.)

[96] D'après les explorations dans le Far-West du professeur Marsh, de Yale-College (États-Unis).

le mal vient du temple. » Les chapitres II et III peuvent former
un livre à part. Il le tient prêt et l'intitule : *Les deux colonnes
du temple*. Ce qu'il appelle ainsi, c'est le prétendu épiscopat à Rome
de saint Pierre, qui n'y mit jamais les pieds, et le concile de Nicée,
qui fonde, sur la destruction du christianisme primitif, « un paga-
nisme nouveau ». Peut-être retrouvera-t-on ce livre dans les mains
des personnes qui ont dû lui payer des arrhes pour lui permettre ce
travail. Avant de mourir, il veut affirmer l'idée au moins, et il publie
le chapitre IV : *Les civilisations détruites par le catholicisme* [97].
Il commence le compte de ces ravages par la destruction physique des
civilisations antiques et américaines. Il le poursuivait en deux chapitres sur les *Conséquences morales* du catholicisme : le césarisme et
l'immoralité inoculés aux nations (ch. V et VI). Il opposait ensuite à
cette « barbarie » l'ordre moderne à instituer sur la séparation du
temporel et du spirituel, sur l'autonomie des consciences, ce *self-help*
de la religion naturelle.

De ces trois ouvrages, celui-là était le plus près d'être achevé et
il ne perd pas l'occasion d'en annoncer « la publication prochaine » [98].
Il y avait mis des études commencées au petit séminaire, continuées
à Rome et un peu partout. Parfois sa fougue y éclatait comme lorsqu'il s'écrie : « On ne peut pas calomnier l'Église » [99] (tant l'horreur
et le nombre de ses attentats dépassent tout ce qu'on peut en dire).
Mais on peut voir dans les quelques lignes qui terminent le chapitre
publié, à quelle hauteur morale il aimait se placer pour faire ce
qu'il appelle un « épouvantable bilan » et pour annoncer le règne de
cette philosophie humaine qu'il affirmera encore dans son testament :
« Je meurs libre-penseur, mais spiritualiste et profondément religieux. » (Voir note 105.)

Le troisième de ces livres : *Civilisation ou barbarie*, remonte à l'état
primitif des Celtes, poursuit l'esprit d'autocratie dans les violences
du passé et les institutions du présent : l'*Héritage des Césars ;* ne lui
passe rien, le traque avec plus de passion dans la démocratie moderne : *le Tzarisme républicain ;* réclame une réforme radicale. Plus
d'armée, la nation prête à se défendre : « L'Europe périra par les
gens de guerre » (Montesquieu) est une de ses citations favorites. Plus

[97] *Revue de Belgique*, 15 mai 1884.

[98] « ŒUVRES DU MÊME AUTEUR : *Les civilisations détruites*, etc., extrait
d'une publication prochaine. » Annonce en regard du titre des *Sept Merveilles*, etc. Édition Lebègue, 1885.

[99] Page détachée du manuscrit. — Et plan du livre.

de diplômes, la science libre. Plus de centralisation : ni Église ni État, la famille et la société : *les Destructions nécessaires.* Une fois dans l'idéal, on ne s'arrête pas : Plus de travaux publics ni d'enseignement de l'État, la société seule agissant en pleine liberté. « Cléricalisme d'État, brigandage militaire, fiscal, administratif, » tout appelle une « *Seconde nuit du 4 août* ». Encore un titre de chapitre. Il en revient ainsi à son principe. *Le droit divin de la commune,* par un conservateur, est le titre d'une brochure qu'il détache. Le chapitre du livre sera intitulé : *Le droit divin de l'autonomie communale et provinciale.* Cet ouvrage, dont la préface débute par ces mots : « Sommes-nous condamnés à périr? » pourrait s'appeler le *To be or not to be* des nations modernes.

« S'il est, en effet, un principe républicain par excellence, c'est que la société est maîtresse d'elle-même, que sa souveraineté domine tous les pouvoirs sortis de son sein et qu'aucune loi ne peut attenter à cette souveraineté. Elle est le juge suprême ; elle ne peut être jugée par personne. Ses idées, ses tendances, son organisation morale ou religieuse, bonnes ou mauvaises au point de vue des partis, ne sont justiciables que d'elle-même. Elle serait l'infaillibilité politique, comme elle est la loi vivante, s'il pouvait y avoir une infaillibilité sur terre. Toute mesure préventive tendant à lui imprimer une direction quelconque contraire à ses croyances ou à ses intérêts est donc non une loi, mais un crime. Si l'organisme individuel est inviolable dans l'exercice de ses fonctions spontanées, à plus forte raison l'organisme social : c'est par le *self-help* de ses mouvements et de ses manifestations que se conserve l'humanité. Il n'y a ni philosophie, ni politique rationnelles, ni gouvernement régulier en dehors de cette reconnaissance formelle de l'inviolabilité de l'entité sociale [100]. »

Quoi qu'il ait dit dans une heure sombre, ces idées ne mourront pas avec lui. Elles aussi sont de droit divin. Discutées, modifiées, complétées sans cesse, — je ne lui cachais pas mes dissidences en faveur de la sociologie, — elles sont l'héritage de l'humanité. Certes, la part qu'il y apporta n'est pas à la hauteur de ce qu'il aurait pu faire s'il avait eu le temps et la santé. Au premier loisir, il en reprenait les études, accumulait les notes, et parfois jetait au papier une page brûlante ou solide. Ce qu'il regrettait profondément de n'avoir pu y mettre avant de mourir, c'est la grande lumière des idées coordonnées et d'une rédaction d'ensemble. « Mes notes ne valent que

[100] *Civilisation et barbarie.* Manuscrit en préparation, chapitre IV, p. 3. — Et table du plan de l'ouvrage.

par l'inspiration et la synthèse qui les auraient utilisées. » (Lettre du 1er octobre 1884. Voir note 104.) L'ami à qui il ajoutait alors : « Le mieux est de les jeter au feu » et répétait un an après : « J'ai surtout l'affreux désespoir d'être obligé de vous dire : brûlez tout ce que je laisserai, quoique ce soit le meilleur d'une vie entière vouée au culte du vrai et du juste [101] », n'a pu conserver que l'idée et le plan de sa triple conception, avec des titres, des épigraphes et quelques pages décisives, de rédaction visiblement arrêtée, ou variant des idées auxquelles il aimait à revenir sans cesse. Cela a rendu possible et permettrait de justifier le résumé que nous en donnons ici. Et c'est de ces choses-là qu'on peut dire qu'il reste toujours quelque chose. Non plus que le canal du Nicaragua, qu'il vit reprendre par un peuple qui sait exécuter ce qu'il résout ; non plus que l'américanisme scientifique, pour lequel il faillit rédiger une revue, la lutte pour le *self-help* religieux et politique ne restera en suspens, et sa mémoire peut y servir encore.

C'est à ce moment qu'il écrit pour la *Revue de Belgique* un livre attrayant : *Les sept merveilles du monde moderne* [102]. Dans cette revue, ou dans l'édition illustrée de cartes qui en fut faite, aucun lecteur, en suivant cet exposé brillant des plus grandes entreprises de l'industrie moderne, ne croirait qu'une terrible plaie lui rongeait la face et que c'est en la pansant lui-même, toutes les heures, qu'il les conduisait ainsi à travers des prodiges. On dirait la sérénité d'un homme heureux qui se repose de longs voyages et se complaît à en retracer les plus grands spectacles. Les chemins de fer du Panama, du continent Pacifique et des Andes péruviennes, le percement du mont Cenis, du Saint-Gothard, de l'isthme de Suez et de l'isthme américain, — deux occasions où il parle de M. de Lesseps avec un tact parfait, — on croit assister aux travaux et aux fêtes avec un guide instruit et entraînant, qui sait tout expliquer, chiffres, technique, économie politique, en restant dans l'harmonie des beautés de la nature et des grandeurs du travail humain. Quoi de plus émouvant, par exemple, quand il nous montre deux populations d'ouvriers attaquant le *Central Pacific Railroad* par les deux bouts, marchant l'une vers l'autre à un but indiqué, dans une rivalité de promptitude sans cesse croissante, plaçant les rails presque en courant, enfin, au jour indiqué, se rejoignant à un point fixé et, après quatre ans de travaux, asso-

---

[101] Lettre à un ami. Bruxelles, sans date (1885). Dernier dossier.

[102] Novembre et décembre 1883 et janvier 1884, et Bruxelles, Office de publicité, 1885.

ciant par le télégraphe tout le pays aux actes de l'inauguration qui se fait au milieu d'un désert, sous les yeux de quelques milliers de visiteurs, mais « en réalité, en présence de 40 millions de citoyens, debout, chapeau bas, écoutant les derniers coups de marteau, dans une communion simultanée qui faisait vibrer chez eux les plus nobles fibres de l'âme humaine ». On comprend que Nisard ait voulu, deux années de suite, faire attribuer à ce livre un prix de l'Académie française. De « hautes influences » l'empêchèrent de donner cette marque d'estime à un honnête homme mourant [103].

S'il publie à ce moment une page de son histoire du catholicisme, c'est dans la prévision d'une nouvelle catastrophe, où il cherchera, à la frontière cette fois, « la disparition obscure qui convient à sa situation ». Échoué à l'Hôtel-Dieu de Valenciennes [104], où il fut soigné avec un dévouement et une tolérance rares, il est ramené par des amis à Bruxelles. De cette heure date la longue odyssée de l'agonie. Au lendemain du retour de Valenciennes, on lui a refusé de le garder plus d'une nuit dans un appartement qu'on lui avait retenu d'avance, sans céler son mal. Une maison d'ami doit l'abriter la nuit suivante. Il ne veut pas abuser de l'hospitalité, cherche dans les quartiers les plus modestes de la ville, y trouve de précaires abris. Mais voilà qu'on ne veut plus le raser. Il fréquentait depuis des années un restaurant, il n'y va qu'aux heures où la salle est vide, on ne l'en prie pas moins de n'y plus reparaître. Aviser devenait urgent. L'administration des hospices de Bruxelles fit alors une grande chose en lui accordant une hospitalité telle qu'il n'en eût pas trouvé de pareille dans le monde, disait-il, lui qui dans les deux mondes avait étudié les plus belles installations d'hôpitaux. Il n'y regrettera que sa douce infirmière de Valenciennes. Y trouvera-t-il au moins jusqu'à sa dernière heure un peu de repos et une place où mourir libre? Il se prenait à l'espérer, et la bonté toute paternelle du chef de service aidant, il respira. Mais que de fois n'a-t-on pas vu les plus nobles intentions d'hommes d'intelligence et de cœur échouer devant d'obscurs mercenaires qu'on est bien forcé d'employer? Je ne dirai pas ce que l'hôte de Bruxelles, habitué à la liberté des voyages, rendu plus sensible par un mal cruel, dont la vue était en danger, dont la vie tenait à un fil, eut à souffrir de ces riens qui, pareils aux microbes, enveniment

[103] Lettre à un ami de Bruxelles. Paris, 1886, sans date. Dernier dossier.

[104] Lettre écrite de Bruxelles, à un ami, sans date, et carte postale, de Valenciennes, du lendemain, 2 octobre 1884. Dernier dossier.

une plaie plus sûrement que les caustiques ne la ferment et que les baumes de fraternité ne l'adoucissent. Je préfère m'en référer au sentiment de reconnaissance qu'il conservait lorsque, prévoyant la cécité, il rédigea ses dernières dispositions et les envoya au bourgmestre de Bruxelles : « Je remercie le conseil des hospices de l'hospitalité qu'il me donne depuis quinze mois [105]. »

Un moment était venu où ses amis ne l'avaient plus senti en sécurité d'esprit que dans le salon de l'un d'eux, sur un lit improvisé. Chaque jour, il allait, au centre de la ville, prendre un bain de vapeur ; il en revenait réconforté pour quelques heures ; libre d'âme, jeune de cœur, il charmait encore ses hôtes et celles des personnes qui ne s'enfuyaient pas à la nouvelle qu'il était là, prêt à les recevoir. Mais huit jours d'hospitalité étaient tout ce que pouvait accepter sa délicatesse. Il chercha un gîte à Paris et demanda à y être conduit. Il ne partit point sans faire acte de présence dans un des établissements des hospices de Bruxelles où une chambre était restée à sa disposition. Cet acte d'urbanité fut son adieu à l'hospitalité belge.

Je ne puis le suivre dans la grande ville où Mme Desbordes lui avait prédit les remerciements du sort. Ses correspondances, écrites, puis dictées, sont de nature trop intime et elles cessèrent bientôt. Le premier des établissements où il fut reçu, il dut le quitter pour éviter une des opérations les plus cruelles, qui, en tout cas, venait trop tard. Il mourut dans l'autre.

Sa force d'esprit ne se démentira point : « La nature physique ne veut pas plus être violentée que la nature morale », écrit-il [106]. C'est la conséquence logique de toute sa philosophie et de toute son expérience ; et on pense bien que réclamer l'autonomie pour les nations et abdiquer la sienne ne fut pas de son fait. « Il a la plus parfaite plénitude de son intelligence et est animé d'une énergie qui étonne ceux qui ne le connaissent pas, » écrit un de ses amis de Paris [107]. Lui-même, en donnant des explications, pense qu'elles suffiront pour faire « rendre justice à sa raison et à sa fermeté dans une circonstance où il n'entendait que des conseils d'abdication morale et de soumission cadavérique ». (Note 106.) Tant qu'il ne sera pas un cadavre, son corps et sa pensée sont donc sous bonne garde. Il ne perd pas une occasion d'affirmer « hautement son rationalisme spiritualiste » [108].

---

[105] Daté de Bruxelles, janvier 1886, et confié cacheté au bourgmestre de Bruxelles, pour être ouvert après sa mort.

[106] Lettre sans date, jeudi (15 au 22 avril 1886).

[107] Lettre de M. X., du 13 avril 1886.

[108] Lettre du 13 juin 1886.

C'est dans la première lettre qu'il doit dicter « à une jeune personne », qu'il le répète. Même en dictant au premier garçon sans orthographe qui consent à lui servir de secrétaire, il se prononce énergiquement : « Cette lettre vous dira, si un jour la conspiration en vient à calomnier ma tombe, que je suis resté fidèle à mes convictions raisonnées, comme à mes tendresses de cœur [109]. » C'est le dernier mot qu'il dicte, et l'on est navré de voir au bas sa signature tracée d'une plume que la vue ne dirige plus. Une note à part, de sa main qui tremble, envoie une dernière pensée à la femme d'un ami, qui l'a « si souvent consolé et toujours compris ». Alors, les nouvelles qu'on recevra de lui ne seront plus qu'indirectes. Une dame artiste qui connaît ses amis de Bruxelles lui rend quelquefois visite et leur en écrit. Quelques extraits de ses lettres ne seront pas sans intérêt : « Son œil s'est tout gonflé… La surdité augmente et le moral désespère. Il dit que son nez va tomber et qu'il n'aura plus qu'une tête de mort sur les épaules… Il a eu hier avec M. X… une discussion assez vive sur le suicide dont il est encore hanté. Il a fallu lui promettre de prier Dieu de le prendre… Oui, Dieu devrait bien terminer ses souffrances… Il est si bon, reconnaissant, si délicat, si croyant dans la vie future, qu'il faut l'aimer et l'admirer dans sa résignation qui, après un moment de révolte bien naturel, est encore très grande. » Un autre jour, les nouvelles d'Amérique sont favorables. Il ne peut plus penser à mourir, lui dit-on, quand on va avoir besoin de lui. Et il respire. « Toute la maison était heureuse de lui voir ainsi le moral relevé. Il avait pris un bain de vapeur et se sentait soulagé. Mais hélas ! chère madame, quel martyre il endure, le malheureux ! Non, rien de plus affreux en ce monde. Si plus tard il ne voit plus et n'entend plus, si sa brillante intelligence survit malgré ces horreurs, ne vaut-il pas mieux désirer sa mort ? » Les jours se prolongent : « Mes visites paraissent lui faire plaisir, sans doute parce que nous parlons de vous… C'est vraiment un homme qui devait être charmant, et distingué, et délicat, et d'une intelligence supérieure. Quelle affreuse dérision du sort de le faire périr ainsi ! » — « A ma dernière visite, il m'avait fait écrire à un ministre américain pour qu'il demande à l'ambassadeur du Pérou de lui faire parvenir un kilogramme de coca naturel. Hier, il a fait écrire en Corse pour je ne sais quelle plante. » (7 octobre 1886.) [110] Alors plus rien ! Car la mort est proche. Mourir était son vœu ; que de fois n'a-t-il pas dit qu'auprès de

[109] 20 juillet 1886.
[110] Lettres écrites de Paris. Dernier dossier.

ces complications, physiques ou morales, la mort serait un bienfait!
Dans une de ces heures bien légitimes de désespoir, où, las de chercher la mort, il demande « à la nature de compléter elle-même son
œuvre de destruction », il semble réclamer qu'on veille sur sa
mémoire. Sa vie entière est là pour cela. La seule manière de maintenir et d'honorer son intégrité qui fût à ma portée était d'intéresser
les lecteurs au récit de sa vie de lutte, d'honneur et de martyre, à
l'analyse de ses travaux, à l'exposé de ses idées, au charme de son
style. Je l'ai fait autant que possible sous sa dictée. Puissé-je y avoir
mis une part de son cœur. Après cela, qu'y a-t-il à moraliser? S'il
fallait conclure, le hasard s'en chargerait, par une de ces ironies,
fréquentes dans la presse que le manque de temps pour réfléchir
expose à ce qui paraîtrait un manque de tact si on y réfléchissait.
L'article nécrologique qu'un grand journal de Paris lui consacra
était immédiatement précédé de trois lignes annonçant le départ de
M. de Lesseps de New-York pour rentrer en France : « Bon vent
et bonne route à notre cher et illustre compatriote! »

Félix Belly était mort le 3 novembre 1886.

A défaut de quelque grande page de l'un de ses trois livres, la
publication des notes de son premier voyage et de sa biographie est
un modeste monument que lui élèvent ses amis de Belgique, dans un
dernier adieu.

Bruxelles, juillet 1889.

CH. POTVIN.

‘ Le hasard a voulu qu'au moment où Belly arrivait dans l'Amérique centrale, un journaliste américain parcourait le pays. Il publia son récit de
voyage : *Holidays in Costa Rica*, dans une revue illustrée de New-
York [111]. L'auteur, M. Thomas Francis Meagher, avait été invité au bal
donné par le président Mora en l'honneur du journaliste français : *en obse-
quio del senor D. Felix Belly*. Il le raconte et traduit pour ses lecteurs
anglais la lettre d'invitation que j'ai retrouvée en espagnol (note 23 et plus
loin, p. 85). Il raille : c'est un Yankee. Mais il rapporte les faits, publie
des paysages du pays, des vues de villes que Belly visitait en même temps
que lui, des scènes de mœurs auxquelles Belly assistait aussi : la proces-
sion du vendredi-saint, le simulacre de la pendaison de Judas, etc. Enfin,
il va jusqu'à faire graver la principale scène de la fête sous le titre
mi-français mi-anglais : *Monsieur Belly at the ball*. Il a choisi l'instant
où l'écrivain français est présenté à Mme Mora par M. de Vars.

Il y avait là pour les notes de voyage de notre ami une illustration tout
indiquée et d'autant mieux en situation qu'elle n'avait pas été faite pour
cela. Nous avons laissé au *Magazine* les croquis qui sont de sa spécialité
plutôt que de la nôtre, et nous en avons reproduit seulement quelques vues
qu'on peut dire avoir été dessinées sous les yeux de Belly et telles qu'elles
lui apparurent pour la première fois.

[111] *Harper's new monthly Magazine*. Décembre 1859, janvier et février 1860.

L'ISTHME AMÉRICAIN

I

De Southampton à l'embouchure de San-Juan

17 février 1858. — Parti de Southampton sur l'*Atrato*, à 2 h. 1/2, par un beau temps. J'avais la cabine n° 30, sur l'arrière, en compagnie d'un autre passager. Ce passager a mieux aimé partager la cabine d'une jeune Espagnole qui se rendait à Belize comme lui, et je suis resté seul, à ma grande satisfaction.

23 février, à bord de l'*Atrato*. — Je n'ai pas à me louer des premiers jours de cette traversée. Nous avions quitté les côtes d'Angleterre avec une mer douce et un vent d'est qui nous promettaient quelque repos. Dès la première nuit, le vent a sauté au sud et la mer est devenue très houleuse. Depuis, notre situation n'a fait qu'empirer. Nous avons eu constamment un gros temps, avec vent debout. Dans la nuit d'avant-hier, les vagues déferlaient avec tant de violence, qu'une de ces vagues a emporté une chaloupe, en brisant comme paille les deux arcs-boutants de fer forgé qui la soutenaient. Ces doux arcs-boutants avaient au moins quatre pouces de diamètre. Ils ont été cassés au ras des bastingages et emportés, par conséquent, avec la chaloupe, qu'ils ont dû faire sombrer sous leur poids.

Hier soir, lundi, à 10 heures à peu près, on a aperçu, à l'est, aussi loin que l'œil pouvait porter, un feu intermittent qu'on a jugé appartenir à l'île Saint-Michel. Nous étions donc arrivés sous le parallèle des Açores, et, d'après les prévisions de tout le monde, nous devions rencontrer désormais, avec les chaudes latitudes, une mer calme et unie. Cependant, ce matin, le temps était couvert et le bateau continuait ses oscillations. A midi, le vent a tourné vers l'ouest, les nuées et les vapeurs de l'horizon se sont repliées vers l'est et le sud, et le soleil a fait tout à coup son apparition. Mais cette éclaircie n'a pas duré, et si la mer est moins grosse, si même elle est assez douce, pour me permettre d'écrire pour la première fois, nous sommes loin encore du beau temps qu'on nous avait promis dans ces parages.

Cependant, le léger changement qui s'est opéré a rendu un peu plus de vie aux passagers. Jusqu'à présent, tout le monde à peu près a été malade. Les dames n'ont presque pas paru. Plusieurs hommes ne se sont pas senti le courage de se lever. Les Anglais sont les seuls qui aient fait toujours bonne contenance, surtout à table. La partie française de l'assemblée est sans contredit la moins aguerrie. Je n'en excepte qu'un Espagnol, qui, atteint au début du mal de mer et d'un autre mal plus irrémédiable encore, le mal de la peur, aurait bien voulu pouvoir rentrer au port d'une manière quelconque et renoncer au voyage américain dont il attend peut-être sa fortune.

24 février. — Je me suis levé ce matin de bonne heure pour jouir de la première heure de la nature. J'étais seul sur le pont, qu'on venait de laver à grandes eaux. La mer avait changé son triste manteau ardoise des mauvais jours contre la robe bleu sombre des belles latitudes. Le ciel n'était qu'une coupole d'opale, plus grise vers les bords, plus transparente vers le zénith. Il faisait un air si pur, si frais, si pleinement aspirable par tous les pores, que c'était une délicieuse sensation que de se sentir vivre. Je ne sais jusqu'à quel point la vue de l'immensité et son effet moral entraient dans cette sensation. Mais j'ai compris qu'on pouvait vivre

en mer avec autant d'intensité que sur terre, pourvu qu'on eût près de soi les objets de son affection.

J'ai souvent réfléchi, depuis huit jours, aux impressions diverses que fait naître une longue traversée de l'Océan, — surtout pendant les heures éternelles des nuits de secousses, quand les soubresauts du navire ne me laissaient pas un instant de repos, quand le choc de chaque vague faisait craquer tous les bois de la charpente et semblait devoir la séparer en deux par le travers de la machine. Je me suis ausculté moi-même pour savoir jusqu'à quel point le danger, réel ou imaginaire, agissait sur mon imagination ; et voici à quelles conclusions générales je suis arrivé par cet examen.

En fait et en ne tenant compte que du côté matériel des choses, c'est une évidente témérité que de confier sa vie, et surtout plusieurs vies, à un élément aussi variable et aussi indomptable que l'Océan. Les sinistres qui, chaque année, déciment presque toutes les marines du monde, prouvent que les progrès de la science n'ont rien enlevé aux risques maritimes. Le *Central American*, qui a péri l'année dernière dans la mer des Antilles, était un des plus beaux steamers américains. L'*Arctic*, l'*Atlantic* et l'*Ariel*, qui se sont perdus coup sur coup, étaient des modèles de construction navale, et tous trois appartenaient à la compagnie maritime la plus renommée des États-Unis, la Compagnie Wanderbilt. Il est vrai que les commandants américains ne jouissent pas en Europe d'une grande réputation de conduite et de science nautique, et l'on serait tout disposé à mettre sur le compte de leur imprudence systématique les catastrophes, si nombreuses et si soudaines, de leurs traversées. Malheureusement, la marine anglaise, toujours si bien commandée, enregistre chaque année de nombreux sinistres qu'on ne peut attribuer à la même cause. La ligne même à laquelle appartient l'*Atrato* a perdu, par l'incendie, presque en vue des côtes d'Angleterre, ce beau navire l'*Amazone* avec lequel se sont englouties tant d'existences françaises, y compris celle de M. Gabriel Ferry de Bellemard, l'auteur du *Coureur des bois*.

En fait donc, il y a un véritable danger à s'emprisonner,

pour une ou plusieurs semaines, dans une charpente de bois ou de fer, conduite par la voile ou par la vapeur, et à faire dépendre tout ce qu'on possède, y compris sa vie, du caprice de l'Océan, de l'habileté d'un capitaine, de la surveillance d'un employé subalterne et quelquefois de la solidité d'une barre de fer mal forgée ou d'une planche mal clouée. Et pourtant, une fois à bord, personne ne songe à ce danger, si ce n'est à l'heure critique où il cesse d'être une éventualité pour devenir une prévision. Si la mer est mauvaise, si la violence du vent fait craquer toutes les membranes du navire et semble le disloquer à chaque mouvement, on souffre horriblement d'une situation d'esprit et de corps difficile à définir. On apprécie d'une manière toute nouvelle le calme et la sécurité du foyer natal et les conditions, modestes mais sûres, du bonheur dont l'horizon est borné. Mais la crainte de la mort et la préoccupation d'une catastrophe ne jouent aucun rôle dans ces retours vers le passé. La mère qui a vu partir son fils et la jeune fille qui attend son fiancé tremblent seules, au rivage, à l'idée des catastrophes qui pourraient les assaillir.

C'est qu'on ne s'embarque pas ordinairement pour obéir à une fantaisie ou satisfaire une curiosité de désœuvré. Ce qui porte l'homme à rompre les liens qui le rattachent à son berceau, c'est mieux qu'un vague besoin de changement, c'est l'instinct dominateur de toute sa vie, c'est ce moteur individuel qui fait les grands hommes dans tous les genres et auquel nous devons tous les prodiges de notre civilisation. Chaque voyageur qui met le pied sur un navire à lointaine destination porte en soi un trésor d'espérances illimitées. Ses yeux sont exclusivement fixés sur le but qu'il a hâte d'atteindre. Il voit à peine la route à parcourir ; il lui importe peu qu'elle soit plus ou moins agréable ; l'essentiel est qu'il arrive, coûte que coûte. Il y a dans sa destinée, telle qu'il la comprend, quelques-uns des charmes aléatoires du jeu et quelques-uns des hasards d'une bataille. Raison de plus de se jeter corps et biens dans cette lutte inconnue qui a pour elle tous les attraits de l'aventure et toutes les miroitantes promesses du désir.

Cette raison supérieure de l'indifférence ordinaire des voyageurs pour les dangers de la mer est si vraie que, dès qu'on la supprime, elle laisse apparaître, avec plus ou moins d'intensité, les vagues terreurs qu'inspire à l'homme l'instinct de la conservation. Nous avons à bord un jeune Espagnol que son gouvernement envoie comme employé à la légation de Guatemala. Cette mission est peut-être pour lui un véritable avancement. Cependant, comme, en somme, il voyage par ordre, et que son avenir est limité, sa résistance physique et morale aux souffrances des premiers jours s'en est ressentie. Il est peut-être le seul des passagers qui ait cru sérieusement sa vie menacée et qui s'en soit affecté.

Pour moi, qui ai si vivement désiré ce voyage, à l'issue duquel j'entrevois la gloire, la fortune et le bonheur de la famille, je n'ai pas cessé un instant d'avoir ce but grandiose devant les yeux. Que pouvaient être dès lors les épreuves de la route? Une maladie passagère que j'aurais acceptée d'avance avec toutes ses rigueurs, pourvu que le port fût au bout. Cette maladie n'a duré que six à sept jours. Je dois m'estimer très heureux d'en être quitte à si bon marché et me confier pour le reste à la Providence...

— Nous filons en moyenne 11 nœuds à l'heure, malgré le vent debout. Ce vent maintient une grande fraîcheur dans la température et empêche la mer de se calmer entièrement. Cependant, tout le monde est monté aujourd'hui sur le pont.

25 février. — Même temps qu'hier. Mer un peu houleuse, beau soleil, fraîcheur charmante. Rien ne nous avertit de l'approche du tropique. Des bandes de gros poissons suivent le navire en bondissant sur les flots. De temps en temps, une voile paraît à l'horizon, à la grande joie des lunettes et des lorgnettes qui sortent de leur étui.

A midi. — Nous avons fait 288 milles depuis hier à la même heure. Il nous reste à en faire 1,630 pour atteindre Sombrero. (Ces indications sont consignées chaque jour dans un petit cadre accroché près de la chambre du capitaine)...

J'ai eu toutes les peines du monde à écrire aujourd'hui et hier, grâce aux mouvements incessants du navire, qui sont plus sensibles dans ma cabine, où je me suis réfugié, que dans la salle commune.

26 février.—Toujours vent debout et, par conséquent, mer houleuse. On ne se douterait guère que nous ne sommes qu'à deux jours du tropique. Le soleil est chaud, mais il fait très frais à l'ombre. Nous filons, dit-on, 12 1/2 milles à l'heure. On a commencé à tendre les toiles d'abri sur le pont.

A midi. — Nous avions fait 327 milles depuis hier, et il ne nous restait plus que 1,307 milles à faire jusqu'à Sombrero. Notre marche est donc devenue plus rapide. Nous filons jusqu'à 13 nœuds, quoique le vent du sud soit extrêmement fort. On commence à apercevoir ces amas d'herbes qui avaient épouvanté les compagnons de Colomb.

27 février. — Nous sommes toujours contrariés par un vent du sud-ouest, très extraordinaire dans ces parages des vents alisés. Nous avons fait 314 milles depuis hier, un peu moins qu'avant-hier.

Dimanche 28 février. — Mauvaise journée. Le vent est presque froid et la mer est plus forte que ces jours derniers. On a mis ce matin toutes voiles dehors, et nous avons filé jusqu'à 15 milles à l'heure. Examinant la boussole, j'ai remarqué que nous marchions presque directement de l'est à l'ouest, comme si nous profitions des vents alisés. Cependant, nous avons toujours contre nous un vent de sud-ouest.

A onze heures, on a dit des deux côtés les prières du dimanche, pour les protestants dans le grand salon, pour les catholiques dans le carré des secondes. Les catholiques étaient en minorité. Deux soldats anglais assistaient à notre messe. C'étaient, sans doute, des Irlandais. Les visages étaient moins tristes et les toilettes moins abandonnées que dimanche dernier.

1er mars. — Nous avons eu une mauvaise nuit, mais le soleil des tropiques paraît décidément prendre le dessus. Les oiseaux des terres voisines ont fait leur apparition.

2 mars. — Il y a eu hier bal sur le pont. La mise en scène ne manquait pas d'originalité. La lune, dont nous avons joui pendant toute la traversée, venait de se lever derrière un gros

nuage noir. Le ciel était illuminé d'étoiles. Il faisait un temps délicieux. Le capitaine a fait venir à l'arrière deux matelots musiciens, et l'on a ouvert le bal par une contredanse. Les danseurs n'étaient pas nombreux; les danseuses se comptaient jusqu'à trois, car ce sont les Anglais qui ont fait tous les frais de la fête.

Le gros public s'est contenté du spectacle, assez bizarre d'ailleurs, de ce bal en plein océan, sans toilette, comme sans éclairage, où les figures se dessinaient en noir sur le fond gris du ciel étoilé, à travers les silhouettes des cordages du navire et de son bastingage à claire-voie.

Un triste accident était arrivé dans la journée. Un des servants de la machine avait été atteint par un engrenage qui lui avait emporté tout le derrière de la tête. Telle était du moins la version exagérée qui avait d'abord circulé. Vérification faite, il s'est trouvé que la blessure était heureusement beaucoup moins grave. Le mécanicien en sera quitte pour deux mois de suspension de travail . . . . . .

J'ai vivement ressenti ce matin, en me levant, les molles fraîcheurs des pays chauds. Décidément, on ne vit par tous ses pores que sous les latitudes tropicales. Là, le corps tout entier s'imprègne de l'air ambiant, la propreté minutieuse devient une volupté, le soin de sa personne est un attrait permanent. Je comprends déjà avec quel bien-être on doit aspirer toutes les émanations balsamiques d'une riche végétation. Quelle différence entre la vie où je vais entrer, si large, si complète, si expansive, si favorable au développement physique et moral, et cette vie parisienne, trop vantée, où l'air est mesuré comme matière imposable.

J'ai vu pour la première fois des poissons volants. Ils ressemblent de loin à des hirondelles rasant le sol. Leurs corps étaient blancs et leurs ailes noires. M. Morelet a eu tort de penser qu'ils étaient portés par le vent, car ceux de ce matin que le bruit de la machine faisait fuir, volaient, au contraire, contre le vent, rasant toujours les flots, qu'ils effleuraient de distance en distance, comme pour y retremper leurs ailes.

Nous marchons toujours passablement. Nous avons fait 310 milles depuis hier, et comme il ne nous reste plus que 44 milles jusqu'à Sombrero, il est probable que nous arriverons ce soir en vue de San Thomas.

— J'ai eu tout à l'heure une longue conversation avec une famille française qui habite le Guatemala. Il résulte de ce qu'ils m'ont dit, avec l'autorité d'une expérience de plusieurs années, que s'est folie de songer à des ouvriers européens pour des exploitations agricoles dans ces régions. Ces exploitations spéciales ne peuvent être faites que par des indigènes qui les connaissent traditionnellement, qui vivent de peu, se vêtissent d'un caleçon et couchent en plein air. Ces ouvriers ne coûtent que 18 sous par jour (1 1/2 réal), tandis qu'un Européen se contenterait à peine de 5 francs en travaillant moins. Mes deux interlocuteurs prétendaient d'ailleurs que la race indienne était la race supérieure du Centre-Amérique et qu'on en obtenait tout ce qu'on voulait en la traitant bien et en payant régulièrement. J'ai toujours eu le pressentiment de cette situation, et je suis bien aise de trouver un élément de civilisation sur lequel on a peu compté jusqu'ici.

Ces messieurs reconnaissaient, du reste, que le gouvernement et les chefs de la nation guatemalienne se souciaient fort peu d'attirer des étrangers chez eux, et que les Espagnols surtout les regardaient toujours avec leur défiance traditionnelle.

Au Guatemala, une maison indienne, composée de quatre poteaux et d'un toit, coûte 15 francs ; c'est à l'Indien ensuite à la fermer par une palissade, si ça lui convient.

Les ouvriers européens qui auraient le plus de chances au Guatemala seraient ceux de gros métiers, tels que charrons, charpentiers, forgerons, mécaniciens, etc., etc.

3 mars. SANTO-THOMAS. — Hier soir, après le dîner, tous les passagers s'étaient réunis sur le pont pour apercevoir enfin Saint-Thomas. On ne distinguait encore qu'une montagne en silhouette qu'on disait appartenir aux îles Vierges. Peu à peu cette montagne s'est approchée de nous et nous

avons marché plusieurs heures avec un horizon de collines abruptes à notre droite. La nuit alors était venue, et nous cherchions dans ces ombres noires le phare ou le feu qui devait nous annoncer Saint-Thomas. Quand la lune a été levée, nous avons aperçu à notre gauche un rocher isolé qui semblait garder l'entrée de la passe. C'est, en effet, l'écueil ordinaire de ces parages. Nous l'avons doublé; le navire a obliqué à gauche, puis à droite; les lumières de la terre sont devenues plus nombreuses; leur masse s'est dessinée en amphithéâtre sur les hauteurs de la plage; c'était le port et la ville.

Ce matin, j'ai voulu jouir de ma nouvelle conquête avant tout le monde. J'étais à 5 1/2 heures sur le pont, attendant le lever du soleil. Il faisait un temps de paradis. Ma première impression a été toute d'étonnement et d'une très agréable surprise. Je croyais, sur la foi de toutes les géographies, que Saint-Thomas n'était qu'un rocher aride, dont le Danemark, par une simple déclaration de franchise, avait fait un port commercial important. Je m'attendais donc à voir un îlot aride, couvert de maisons sans éclat, et les silhouettes noires de la veille n'étaient pas faites pour me détromper. Au lieu de cela, mon premier regard a embrassé un cercle de verdure le second une ville dessinée sur cette verdure comme un décor d'opéra comique. J'avais une excellente lorgnette, qui me permettait de jouir de tous les détails. Nous étions mouillés au milieu d'une baie presque circulaire, entourée de petites montagnes vertes, d'un vert de mousse. Au fond de cette rade, au nord, adossé à l'arête principale de l'île, Saint-Thomas dessinait trois amphithéâtres de maisons étagées sur trois collines sœurs d'égale hauteur, et réunies par une ligne de toits rangés le long de la mer. Les maisons étaient blanches ou jaunes, sans cheminées, souvent percées de galeries, et uniformément couvertes de tuiles rouges. Elles ressemblaient beaucoup à des villas italiennes. Seulement, quelques têtes de cocotiers qui les encadraient de leur verdure rappelaient que nous étions sous d'autres cieux.

5 mars. — Le port de Saint-Thomas est une petite jetée

sur pilotis, qui paraît suffire au mouvement de la place. J'y suis arrivé le 3, à 6 heures du matin, dans une petite barque conduite par des nègres. Il faisait un temps d'une délicieuse fraîcheur. Sur la jetée, une cinquantaine de négresses, vêtues d'une robe claire et d'un madras, et pieds nus pour la plupart, offraient aux passants des figues-bananes, des fruits divers ou des pâtisseries du pays. Ces négresses n'étaient pas jolies, tant s'en faut. Mais elles avaient toutes des yeux très doux, très caressants, un grand air de bonté et des dents superbes.

La population de la ville est de 13,000 âmes ; la race noire y domine. Tous les domestiques sont nègres. J'ai dit que les négresses y étaient gracieuses ; je dois ajouter qu'elles manquent, en général, de ces formes arrondies qui, chez nous, sont le charme et l'idéal de la femme. Elles ne connaissent pas l'usage du corset, mais il faut reconnaître qu'elles n'en ont pas besoin : leur taille longue et sèche donne l'idée d'un sang apprauvri par les privations ou par la fièvre. En revanche, la liberté leur a rendu l'intelligence et l'industrie.

Je dois dire, du reste, que je suis arrivé à Saint-Thomas dans la meilleure saison, et que trois mois plus tard, j'aurais rencontré probablement des conditions différentes. Les récits qui m'ont été faits sur les ravages de la fièvre jaune depuis la fin de mars jusqu'au mois d'août, sont effrayants. Déjà à bord, on m'avait raconté qu'à un de ses voyages de l'année dernière, l'*Atrato* avait perdu vingt passagers, emportés par cette terrible maladie. On jetait à la mer un ou deux cadavres par jour, de ceux qu'on avait vus la veille bien portants. Saint-Thomas a compté, pendant des saisons terribles, jusqu'à cent morts, plus ou moins subites, enregistrées quotidiennement. On ne saurait imaginer une plus foudroyante compensation aux avantages et aux jouissances de la vie tropicale. Si l'on ajoute à ce péril périodique celui des fièvres intermittentes, et celui, peut-être plus saisissant, des requins dont la rade est infestée, on aura le revers de la médaille de cette nature américaine, qui se montre d'abord à nous si prodigue de végétation luxuriante et de voluptueuses productions.

Le passage des steamers anglais fait de Santo-Thoma le centre de toutes les correspondances de l'Europe avec les Antilles, l'Amérique centrale, les républiques qui avoisinent l'équateur et toute la route de Panama. Chaque mois, le packet part de Southampton le 2 et le 17, et arrive à Saint-Thomas après une traversée de quinze jours en moyenne. Là, il trouve trois steamers de la même compagnie qui se partagent les voyageurs d'Europe et qui vont, l'un vers la Jamaïque, jusqu'à Bélize ; le second au sud vers les Antilles, où il fait quatorze stations jusqu'à la Trinidad ; le troisième à Sainte-Marthe, Carthagène et Colon, dans la Nouvelle-Grenade, jusqu'à Greytown (San Juan de Nicaragua). C'est par ce dernier qu'on arrive au Pérou, à la Bolivie et au Chili par le chemin de fer de Panama. Ces trois steamers reviennent ensuite à leur point de départ avec les correspondances et les voyageurs de l'Amérique, et le tout est expédié en Europe par le premier packet qui part de Saint-Thomas pour Southampton, comme de Southampton pour Saint-Thomas, le 2 et 17 de chaque mois.

On devine que cet état de choses donne aux Anglais une grande influence dans les Antilles. Saint-Thomas, qui ne leur a jamais appartenu, puisqu'il a été cédé au Danemark par les Chevaliers de Malte, paraît cependant plus anglais que danois. L'anglais y est la langue usuelle, plus encore que l'espagnol.

— Saint-Thomas est adossé au nord, ayant devant lui la mer des Antilles, et derrière, au delà de la montagne qui le protège, l'océan Atlantique. Du sommet de la montagne, on voit les deux mers, ainsi que deux ports. C'est un magnifique coup d'œil. On arrive à ce sommet par un chemin pierreux bordé d'arbres un peu grêles, mais qui appartiennent aux espèces tropicales. J'y ai vu le premier céïba. Au fond du ravin, quelques négresses étendaient du linge sur les branches ; une de ces négresses, la plus jeune, était nue jusqu'à la ceinture. On apercevait son beau corps à travers les feuilles, comme une statue de marbre noir. La source qui leur fournissait de l'eau descendait de la montagne goutte à goutte, et tombait à moitié chemin dans un bassin de pierre. Le fond du ravin était très frais, très ombragé, et les contours des collines attiraient le regard par leur suavité. Un village français placé dans de pareilles conditions serait un délicieux séjour.

8 mars. — Nous sommes partis avant-hier, 6 mars, à 8 heures du matin, après le coup de canon d'usage. Le capitaine de l'*Atrato* était venu nous saluer à bord. Les autres officiers nous ont suivis longtemps des yeux en agitant leurs panamas et leurs mouchoirs. On ne se sépare jamais sans quelque regret des hommes qui ont momentanément distrait et protégé notre vie.

Notre bâtiment s'appelle le *Thames*. Il est moins grand, moins effilé, moins bon marcheur que celui que nous avons quitté. Il est aussi moins bien aménagé et moins confortable. Je n'ai pas à me plaindre cependant de la cabine qu'on m'a donnée. Je m'y trouve mieux que je ne l'étais sur l'*Atrato* Elle me paraît plus blanche, plus propre, mieux éclairée surtout. Elle est disposée de telle façon que j'écris debout et très commodément sur le lit supérieur que je n'occupe pas et qu'on a laissé pourtant à ma disposition. Sur l'*Atrato*, j'étais à bâbord et ma lucarne ronde donnait vers le nord-ouest. Sur le *Thames*, je suis à tribord, je regarde le sud-est, je reçois le premier rayon du soleil, et grâce aux vents alisés et à la forme carrée d'une véritable fenêtre, je suis inondé de lumière et de fraîcheur, ce qui me permet de rester toute la journée dans ma cabine sans perdre un souffle d'air.

Nous ne sommes plus qu'une vingtaine de passagers au lieu des deux cents de Southampton.

Parmi ces passagers, il n'y a plus un seul Anglais, tous sont Espagnols ou Sud-Américains. Les plus remarquables sont un général mexicain, nommé Ghilardi, qui a joué un certain rôle dans l'administration du Comonfort et qui se rend au Pérou avec sa femme et sa fille, et un consul de Bolivie rappelé par son gouvernement. On m'a assuré que le général était un ancien colonel italien qui avait défendu Rome contre nos soldats en 1849, et qui, à ce titre, n'aime guère les Français.

Je craignais d'abord que ma cabine, tournée au sud, ne fût trop chaude. Je n'ai, au contraire, qu'à m'en applaudir. Mon thermomètre oscille depuis trois jours entre 22° et 24° Réaumur.

Je me suis tellement familiarisé avec la vie en mer, que je travaille toute la journée comme si j'étais à Paris ; je ne monte sur le pont que le matin et le soir, pour jouir du grand air et d'un peu de causerie. Cette causerie, d'ailleurs, est peu intéressante avec les Espagnols sud-américains. Il y a un contraste saisissant entre l'intelligence de cette race et celle des Anglais et des Français. Avec ces derniers, une conversation d'une heure en apprend plus qu'un mois de lecture. Avec les autres, on n'apprend rien.

A bord de l'*Atrato*, quand la nuit était venue, je me suis souvent surpris les yeux fixés sur une jeune fille à demi couchée sur le pont. Elle avait des yeux noirs dévorés de fièvre et une pâleur maladive qui n'était égalée que par sa maïgreur. Mais le soir, les traits de Cécilia se voilaient de brume, sa jolie tête devenait plus intéressante et plus idéale, et, sa toilette blanche aidant, elle ouvrait à l'imagination des perspectives qui m'ont souvent entraîné. Sur le *Thames*, il n'y avait pas de Cécilia.

La plupart des matelots et quelques-uns des servants du *Thames* sont noirs, et le service n'en est pas moins bien fait. J'avais déjà remarqué qu'à bord de l'*Atrato*, mon mulâtre William était le plus intelligent, le plus prévenant et le plus délicat des domestiques. Quelques-uns des noirs du *Thames* ont la barbe assez bien fournie et travaillent avec une grande application. Je me souviens encore de l'air dévoué, attendri et résigné avec lequel une vieille mulâtresse, toujours sérieuse et toujours vêtue de gris, soignait les deux enfants de M. A...

9 mars. — Il fait plus chaud que ces jours derniers. Je suis envahi par une moiteur permanente, que je trouve, du reste, très agréable. A 2 heures, à travers la brume, j'ai

entrevu avec une lorgnette les montagnes de Sainte-Marthe, le port le plus important de la Nouvelle-Grenade et notre première station sur le continent américain. Une demi-heure après, une ligne de montagnes voilées de vapeurs nous indiquait au sud-ouest la côte diagonale de la Nouvelle-Grenade, au bout de laquelle, dans la direction du navire, nous distinguions un cap à pic; et puis au delà l'infini. Les montagnes étaient abruptes, de structure volcanique; pour unique végétation des bouquets de cactus vierges. Derrière elles, on entrevoyait la Sierra Nevada avec ses cimes blanches, bleuies par l'ombre des nuées. Après avoir côtoyé bon nombre de rochers, nous avons aperçu une tour, puis des maisons blanches. C'était Sainte-Marthe. Un Bolivien avec qui j'aimais à causer se désolait des brumes et des nuages qui nous dérobaient le tableau entier du pays.

« Vous débutez en Amérique, me dit-il, par une déception. Ce rideau de montagnes étagées et couvertes de forêts jusqu'aux régions des neiges est un merveilleux spectacle, qui, dans mon dernier voyage, a plongé un Français dans l'extase. Je regrette vivement que vous n'ayez pas aperçu dans toute sa splendeur cette Sierra Nevada qui vous aurait donné une idée des Cordillères, dont elle est la dernière ramification. »

Je débutais en Amérique par une déception! Était-ce un présage? Les hommes qui courent des chances extraordinaires ou qui aspirent à des destinées exceptionnelles deviennent tous plus ou moins fatalistes et superstitieux. Le besoin qu'ils éprouvent à chaque instant de fortifier leur cœur contre les fatigues de la route leur fait attacher une importance fatidique à des incidents sans valeur. J'ai longtemps regardé comme un talisman une petite bague reçue dans une heure divine, et quoique les événements n'aient pas toujours répondu depuis aux promesses de mon imagination, il n'est pas bien sûr, aujourd'hui même, que je voulusse m'en séparer pour un trône. En ce moment, je cherchais un indice d'espérance. Mais j'avais tellement foi dans mon avenir que j'ai mieux aimé prendre pour indice prophétique le temps délicieux dont nous étions favorisés dans une saison dangereuse et les fraîches émanations qui nous arrivaient de cette terre tropicale où ordinairement ne soufflent que des vents brûlants.

Sainte-Marthe, du reste, comme Saint-Thomas, devait renverser toutes mes notions préconçues sur son importance et sur le mouvement de son port. Je savais que c'était le port le plus commerçant de la Nouvelle-Grenade sur l'Atlantique, et le point de départ de cette navigation de la Magdalena qui occupe dix navires à vapeur anglais et autres et des milliers de barques, et qui portent les produits européens jusqu'à 200 lieues dans les terres, à travers des vallées splendides et des forêts de quinquinas et de bois de teinture. Je m'attendais donc à une certaine activité et aux allures ordinaires d'une ville marchande. Nous côtoyons une demi-lieue de rochers et d'écueils, dont l'un servait de piédestal titanien à deux guérites et à des embrasures de fortifications abandonnées, et nous découvrons, sur une plage plate et verte, fermée à peu de distance par les montagnes, cinq à six maisons récemment blanchies, dominées par la façade rococo et par les tours inégales d'une église. La maison principale, qui occupait le milieu de cette rangée, ressemblait à un cloître espagnol entouré d'arcades, les autres se rapprochaient toutes plus ou moins du type mauresque, l'église exceptée. Tout cela se développe sur un espace de 500 mètres, à 30 pas d'un rivage de sable jaune sur lequel couraient des enfants nus. Du reste, pas le moindre mouvement, pas un navire, un port vide, pas une figure aux fenêtres ou sur les terrasses, pas trace de jetée pour le débarquement. Une maison en bois au fond de la rade, surmontée du drapeau néo-grenadin, et qui devait être la douane, et une vingtaine d'habitants en blanc dans les rues ou dans la campagne.

En revanche, un bel arbre se dressait devant le cloître en affectant la forme d'un parasol vert, et d'autres arbres de même espèce étaient groupés, à la droite de la ville, comme pour ombrager une promenade publique. J'interrogeai mes compagnons de voyage habitués à ces végétations étrangères. C'étaient des aromes dont les fleurs jaunes exhalent de si doux parfums qu'elles ont donné leur nom à nos aromates. Voilà, cette fois, un présage heureux. Le reste de la campagne était couvert d'une verdure claire dont je ne pouvais distinguer les éléments, mais dans laquelle j'ai remarqué d'immenses cactus à raquettes et les têtes chevelues de quelques palmiers qui dominaient le paysage.

Je touchais donc à cette nature étrange, à cette terre puissante de l'Amérique méridionale, qui a donné le vertige à tant d'illustres navigateurs et qui a dévoré, après les avoir enivrés de ses promesses, plusieurs générations de conquérants. Je devais voir le lendemain un de ses fleuves géants, quoique le plus petit d'entre eux, la Magdalena, et je n'avais qu'à descendre vers le sud pour rencontrer l'embouchure de l'Orénoque et de ses quatre-vingts affluents. On m'annonçait que si nous passions assez près de terre, je remarquerais bientôt sur les rochers trois croix gigantesques, sculptées par les Espagnols de la conquête, pour remercier le ciel de leur découverte.

Pour compléter le tableau, nous vîmes arriver de la ville deux bateaux montés par des jeunes gens bronzés, vêtus d'un simple caleçon, la forme longue, étroite, profondément creusée et presque cylindrique de ce bateau, tranchait avec la forme évasée et ovale des embarcations du bord. C'étaient des canots indiens creusés dans un tronc d'arbre, sans gouvernail et manœuvrés avec de véritables palettes (pagayes), qu'on plongeait dans l'eau avec le mouvement d'une nageoire. Un de ces canots était plein de fruits inconnus, verts, rouge ou jaunes, sphériques ou ovales. C'était l'heure du dîner ; les productions exotiques eurent peu de succès ; mais le chapeau de paille de l'un des Indiens, tressé en bandes jaunes et noires, excita quelques convoitises amoureuses d'étrangeté. Canots, fruits, chapeau et Indiens devaient s'être présentés ainsi aux regards de Colomb quand il toucha enfin au continent de l'Amérique.

10 mars. — En quittant Sainte-Marthe, on s'écarte par

prudence de la côte, qu'on ne retrouve que le lendemain, et qui fait d'ailleurs une courbe rentrante dans les terres. Ce matin, à 10 heures, nous nous sommes trouvés tout à coup devant Carthagène, qui nous semble cette fois une véritable ville. Mais pour entrer dans le port, il faut faire un long détour. Une barque arrive à force de rames, conduite par des Indiens demi-nus. Un d'entre eux, vêtu d'un pantalon et d'une jaquette en blanc, et coiffé d'un chapeau de paille retenu par son mouchoir, s'élance pieds nus sur l'escalier en retenant la barque par un de ses avirons en forme de pelle à long manche. Il avait une figure de démon ; il va droit au capitaine, en courant sur le tambour ; c'était le pilote. Je ne lui aurais pas donné le bon Dieu sans confession ; et pourtant, quand je l'ai revu plus tard, en dehors de ses fonctions, je lui ai trouvé une certaine douceur de physionomie qui démentait ses yeux de charbon et son teint d'acajou bruni.

Une demi-heure après, nous tournions au sud pour entrer dans la baie au fond de laquelle est bâtie Carthagène. A droite, à fleur d'eau, une batterie abandonnée faisait face à un véritable fort dont la porte était fermée et les guérites vides. L'espace qui séparait ces deux défenses était de 150 mètres environ, et on prétendait qu'il avait été autrefois barré, comme à Sébastopol, par des vaisseaux espagnols coulés à fond. Quoi qu'il en soit, nous côtoyons une terre à peine relevée, garnie de temps en temps de cabanes en chaume et d'immenses bouquets de cocotiers.

Quand nous avons de nouveau aperçu la ville, qui nous a paru très belle, très vaste et fortifiée avec soin, nous avons tous pris nos parapluies pour la visiter. Mais il paraît que le temps de cette visite nous manquait. Le capitaine nous a fait comprendre qu'il partirait aussitôt l'arrivée de tous les colis et de tous les passagers qui devaient venir de la ville, et nous avons dû nous résigner non sans regret. Il nous fallut rester sur le pont et admirer de loin les dix ou douze églises et les maisons entassées que la verdure d'une ceinture de mangliers semblait défendre mieux que les murailles abandonnées.

— Journées de plus en plus chaudes. Le thermomètre monte à peu près d'un degré réaumur par jour. A 2 heures, nous virons de bord. Nous saluons les mangliers de la rive et les palmiers qui empanachent la ville, nous passons devant la grande entrée, aujourd'hui comblée. La brise était forte et la passe difficile. L'Indien de tout à l'heure était remonté sur le tambour, et comme ces parages sont infestés de requins, qui attaquent les nègres jusque dans leurs canots, un passager me faisait observer que nos vies étaient en ce moment à la discrétion d'un sauvage sans tête et sans cœur, ce qui était médiocrement rassurant. En quittant la rivière, nous en vîmes plusieurs sur la plage dont l'aspect était peu engageant. Un d'entre eux ramait entièrement nu devant des femmes qui venaient de puiser de l'eau à une fontaine.

Santa-Anna était à Carthagène, où il était venu de la campagne qu'il habite à 3 lieues dans l'intérieur. Il devait partir pour Saint-Thomas par le retour du courrier, et se flattait toujours de reconquérir le Mexique. Malheureux pays, s'il retombe encore une fois dans les griffes de ce sanguinaire despote, qui l'exploite depuis seize ans et qui en a été quatre fois le maître sans y avoir rien fondé que l'exécration de son nom et l'initiation de ses vices.

11 mars. — Nous étions entrés dans le port avec le vent de l'est; nous en sommes sortis, non sans peine, avec le vent du nord. Voilà l'océan et sa mobilité ordinaire. Je croyais mes épreuves finies. La mer des Antilles devait me donner un échantillon de ses caprices. En voyant déferler les vagues sur la côte, et les brisants couvrir les rochers de leur écume, nous avons compris que nous allions passer une terrible nuit. Le vent, en effet, était devenu tout à coup si violent que tout craquait sur le pont; deux ou trois nuages noirs, grands comme le fond d'un chapeau, mais immobiles au nord, rendaient les marins soucieux et faisaient redoubler de surveillance. La nuit, en effet, a été désolante de secousses, de violentes rafales et de fracas divers. Couché dans ma cabine et roulé dans mon lit comme un caillou par un torrent, il me semblait que chaque coup de mer empor-

tait sur ma tête, les canots, les bastingages et les ancres amarrés sur le pont. Heureusement, le *Thames* est un lourd navire en bois, construit solidement, peu apte à une marche rapide, mais très résistant aux frasques marines. L'*Atrato* aurait dansé sur les flots, que sa quille semblait effleurer. Le *Thames* ne sortait pas de son balancement régulier et profond, et les fureurs du vent bouleversaient ses agrès sans modifier sensiblement son allure. En revanche, sa vieille machine, qui date de vingt-cinq ans, n'en faisait pas un tour plus vite, et il nous a fallu huit jours pour une traversée de soixante-dix-huit heures par l'*Atrato*.

Quand, le matin, fatigué de cette mauvaise nuit, je suis monté sur le pont, pour voir où nous en étions, j'ai trouvé le capitaine jambes nues comme les matelots, vêtu de sa chemise et d'un caleçon large et court comme un jupon, surveillant et commandant lui-même la manœuvre des voiles. Toute la nuit, il était resté à son poste de combat, protégeant nos vies de sa responsabilité personnelle prise au sérieux. Il n'en était pas moins très gracieux, comme toujours.

12 mars. — Le mauvais temps devait retarder notre arrivée à Colon. Ce n'est qu'à 3 heures après minuit que nous avons franchi la passe de sa baie. Je sommeillais péniblement dans ma cabine, quand j'ai senti tout à coup que le navire était arrêté. Il faisait nuit noire ; j'ai attendu les premières lueurs du jour. Deux heures après, on a sonné la diane au large. Je me suis levé, j'ai couru sur le pont et j'ai vu un vapeur anglais et une frégate américaine dans la rade du côté de l'entrée, et de l'autre côté Colon.

Nous étions au milieu d'une vaste baie très agitée et fermée par une ceinture de forêts vierges, dont les dômes d'un vert sombre formaient de véritables collines étagées jusqu'aux dernières limites de l'horizon. Devant nous, à l'est, une plage basse, sablonneuse, terminée à gauche par une petite pointe garnie d'un phare en bois, et bordée de maisons sans ordre, aussi en bois, peintes en blanc et entremêlées de cocotiers ; puis, derrière ces maisons, dont les galeries ouvertes ne manquaient pas de pittoresque, la forêt qni recommençait. J'étais donc en présence de cette nature puissante de la zone torride, que j'étais destiné à dominer et qui depuis longtemps m'avait séduit. Je n'avais pas assez d'yeux pour tout embrasser, ensemble et détails, même avec le secours de mon excellente lorgnette. La première chose qu'on cherchait est l'établissement américain ; il se présente, sous la forme de galeries ouvertes, de vastes hangars, d'office du railway, sans compter deux jetées sur pilotis qui servent de port d'embarquement. On voyait même sur le bord de la mer le fameux chemin de fer de l'isthme, dont les vagons de bagages, peints en rose, rasaient les hangars et établissements américains. Au moment même où j'arrivais sur le pont, le panache de fumée d'un convoi partant pour le Pacifique disparaissait derrière les plus hautes cimes de la forêt. Je n'ai pas besoin de dire avec quelle avidité ma pensée s'élançait au delà de ce qu'il m'était permis de voir. J'étais littéralement envahi par ma propre destinée et par le spectacle de son théâtre futur. Je mesurais en esprit le peu d'épaisseur de cet isthme fameux qui sépare deux océans et deux mondes, et je le franchissais d'un bond, entraînant avec moi la civilisation européenne. Le temps, malheureusement, était couvert, il tombait même quelques gouttes de pluie, ce qui m'empêchait de distinguer la coupe du sol au delà du rivage. Mais il était évident pour moi qu'aucune ramification des Cordillères n'était venue jusque-là. Nous n'avions plus revu les montagnes de la Nouvelle-Grenade depuis Carthagène, et tout me semblait assez plat pour que l'obstacle des montagnes fût sérieux.

13 mars. — Je n'avais rien à faire à Colon, mais on m'en avait dit tant de mal que je voulus en avoir le cœur net et savoir à quoi m'en tenir. Je pris donc mon air le plus rébarbatif, je me munis d'un parapluie qui sert toujours dans ces régions, contre la pluie quand ce n'est pas contre le soleil, et je sautai dans une embarcation du bord. La vague était si forte que le gouvernail cassa au premier coup d'aviron. J'arrivai cependant sous une charpente de fer soutenue par des pilotis de même métal, je montai un escalier de fer

et je me trouvai sur le warf de la compagnie anglaise, où deux agents assis dans une galerie ouverte m'indiquèrent la direction que je devais suivre. En quittant le warf, j'étais sur la voie du chemin de fer, à la porte même de la gare.

Malgré l'élévation d'un tarif commercial qui entrave la circulation des marchandises, le chemin de fer de Panama est la providence du pays. Il occupe, en les payant bien (6 à 7 fr. 50 c. par jour), toute une population flottante de nègres et d'Américains, répandus sur tout le parcours. A Colon même, il a pour ouvriers permanents 300 ou 400 individus sur une population totale de 1,500 âmes. Son action, d'ailleurs, est universelle et devient le pivot ou le moteur de toutes les autres. C'est grâce à elle que la compagnie anglaise et la compagnie américaine de New-York expédient chaque mois deux steamers qui vivifient toutes ces côtes et régularisent les relations du Pacifique avec les États-Unis et avec l'Europe. L'intérêt qui s'attache à ces entreprises va tellement grandissant qu'une concurrence vient de s'élever à la compagnie américaine, que cette concurrence organise déjà son warf et son port d'embarquement et qu'on attend son premier voyage dans un mois.

— J'étais assis, le soir, à 6 heures, devant le boulevard de Colon, regardant passer les wagons qui portaient du sable un peu plus loin, pour la consolidation du chemin, quand une espèce d'Allemand, grand, blond, nez busqué, portant toute sa barbe, s'arrêta un moment sur le seuil.

« Savez-vous quel est ce personnage? me dit à voix basse un Français qui m'accompagnait.

— Non, un flibustier peut-être? »

Je disais un flibustier à tout risque, sûr de rencontrer juste dix-neuf fois sur vingt.

« Pas tout à fait. Mais un ennemi de Walker.

— Qui donc?

— Le colonel Kinney.

— Celui qui voulait se faire gouverneur de Greytown?

— Précisément. »

Je regardai attentivement le nouveau venu. Il était habillé

assez négligemment, mais en deuil, avec un chapeau de paille noire garni de crêpe. Au fond, il n'avait pas l'air d'un méchant homme. Il paraissait même dénué de cette audace aventurière sous laquelle nous nous figurons toujours les flibustiers du nouveau monde et les bandits de l'ancien.

« Et que fait-il ici? demandai-je à mon interlocuteur.

— Ma foi, je n'en sais rien. Mais Colon est toujours le refuge, au moins temporaire, de ces aventuriers. Ils y vivent on ne sait comment, attendant peut-être une bonne occasion, et puis un beau jour, on apprend tout à coup qu'ils sont partis pour telle ou telle expédition. C'est ainsi que nous avons possédé pendant huit jours le fameux Walker, après son arrestation par le commodore Paulding.

— Mais celui-là a dû être reçu avec un certain enthousiasme?

— Eh bien, non; on l'a reçu assez froidement cette fois, tandis que la première, on lui avait fait une véritable ovation.

— Voilà ce que c'est que de n'avoir pas réussi. Et comment vivait-il à Colon?

— Très simplement. Nous mangions tous ensemble à l'*Hôtel Howard,* dont vous voyez la maison depuis le navire; il parlait peu, se montrait très réservé, et n'acceptait même qu'avec une grande froideur les témoignages de considération des Américains.

— Et quel homme est-ce physiquement?

— C'est le contraire de ce qu'on suppose. Un petit homme, blond, sans barbe, figure insignifiante, parlant à peu près toutes les langues, mais très peu communicatif. Vous savez bien qu'il a fait ses études de médecine à Paris?

— Je le sais. Cette circonstance m'a fait même penser que ce pouvait bien être un fanatique à froid, une espèce de Marat tranquille, mais impitoyable. »

Le fait est que tout ce que j'ai appris depuis sur ce chef de boucaniers me donne l'idée d'un brûleur méthodique, pour qui la vie humaine et tous les droits qui se groupent autour de ce premier droit disparaissent devant une théorie tenace.

— Colon n'est ni un repaire de bandits, ni un cimetière d'ouvriers. C'est une ville très tranquille, où quatre fois par mois les émigrants qui vont en Californie ou qui en reviennent produisent un certain mouvement, mais sans danger pour la sûreté publique. Le chiffre ordinaire de ces émigrants est de 1,200 à 1,500. Les Allemands y sont en grand nombre. Tous inondent les warfs, couchent sous les galeries des maisons, en plein air, et se nourrissent comme ils peuvent. C'est toujours un spectacle pour la ville que ces arrivées et ces départs périodiques, et c'est le principal aliment de son commerce.

Quant au chemin de fer lui-même, il ne mérite pas les appréhensions dont il était l'objet dans les premiers temps. Il a été d'abord construit très à la hâte et dans des conditions qu'on croirait impossibles. On avait, dans certains endroits, enfoncé simplement des pilotis dans la vase, et placé le rail sur cet appui mobile. Encore avait-il fallu sacrifier des milliers d'hommes pour obtenir ce premier résultat à travers des marécages pestilentiels, dont le sol fangeux se dérobait au travail de consolidation. Aussi les premiers voyages ont-ils été souvent funestes. Dans un seul convoi, plus de 60 personnes furent englouties. Mais aujourd'hui, il n'en est plus ainsi ; les travaux ultérieurs ont fini par créer un véritable sol factice qu'on consolide par d'incessants efforts. Au lieu d'un pont de bois plusieurs fois emporté, on a construit sur le Rio Chagrès, à Barbacoas, à peu près à moitié chemin de Panama, un pont de fer d'un demi-kilomètre, qui est un véritable ouvrage d'art.

La traversée du chemin de fer est, du reste, un admirable spectacle, qu'il faut voir et qui fait honneur au courage et à la persévérance des Américains . . . .

14 mars. — Nous sommes partis hier de Colon, à 10 heures du matin. La mer était très grosse et cette traversée de 30 heures m'a fait beaucoup souffrir. On voyait fumer, à une encâblure du rivage, un bâtiment qui avait brûlé toute la nuit, et qui nous avait donné ainsi à peu près le spectacle d'un incendie en mer. Cet incendie est un trait de mœurs.

Le navire avait besoin d'une réparation, cette réparation ne pouvait se faire à Colon, où elle eût coûté trop cher. Le propriétaire l'a vendu pour quelques piastres. Son acheteur en a retiré les agrès et quelques ferrures, et il a mis le feu au reste.

En sortant de ce parage, la côte ne présente qu'une ligne uniforme de forêts sans fin. Elle dessine jusqu'à Greytown une ligne rentrante que le navire coupe directement comme la corde d'un arc. Quand, le lendemain, j'ai revu la côte, vers midi, j'ai retrouvé encore cette éternelle bordure de forêts.

Plus tard, sur les 3 heures, un cap s'est dessiné à l'ouest, puis au delà de ce cap, deux longs mâts nous ont indiqué un port. C'était une frégate américaine qui était ancrée dans la baie de Greytown.

A 4 1/2 heures, nous entrions nous-mêmes dans cette baie; je voyais d'un côté une langue de sable occupée en partie par des bâtiments d'exploitation, et vis-à-vis, les maisons en bois d'une espèce de village. Le village était Greytown. J'étais enfin arrivé à la première station de mon voyage.

II

Sur le fleuve San-Juan.

Greytown, 15 mars 1858. — Écrit à M. J. Raphaël Mora, président de la république de Costa-Rica, la lettre suivante... Écrit en même temps à M. Thomas Martinez, général-président du Nicaragua, à Managua.

(Ces deux lettres ont été publiées par l'auteur dans son *Amérique centrale*, t. II, p. 125 et 126.)

Un numéro de la *Revue contemporaine* accompagnait cet envoi.

(Ce numéro, t. VI, année 1856, p. 121 et suiv., contenait un article de l'auteur intitulé : *Du conflit anglo-américain et de l'équilibre du nouveau monde*, article très remarqué et très discuté en Amérique, ce qui explique la réception que les républiques du centre, qu'il y avait défendues, allaient lui faire.)

Les deux courriers, qui avaient été retardés sur mon invitation, sont partis le 15, de 10 heures à midi. Celui de Nicaragua avait à son bord le colonel don José Bermudez, qui était venu se mettre à ma disposition, et qui devait donner, sur sa route, tous les ordres nécessaires pour ma réception.

16 mars. — Il était décidé que mon voyage en Amérique donnerait un démenti formel à tout ce qu'on m'avait appris sur ce beau pays. On me l'avait dépeint comme un climat de feu, et j'ai joui partout d'une délicieuse température que je serais trop heureux de retrouver en France. Tout le contraire m'était arrivé en Orient. J'y avais souffert de toutes les intempéries des climats froids, et ce n'est qu'à Marseille, en mettant le pied sur le sol de la France, que j'avais retrouvé

le soleil d'Orient. La géographie, comme l'histoire, est pleine de ces contre-vérités qui trompent plusieurs générations. On m'avait dépeint Colon et Greytown comme des foyers pestilentiels, où la vie d'un Européen était fatalement condamnée, et je n'ai trouvé à Greytown que des conditions de salubrité aussi satisfaisantes que ses conditions atmosphériques.

On comprend cependant que j'arrivais à San-Juan del Norte (Greytown) avec de véritables craintes plus ou moins justifiées. Jusqu'ici, mes craintes ne se sont pas réalisées. En entrant dans le port, je vis deux canots se diriger à la voile vers notre navire. Je descendis dans le premier qui se présenta et j'arrivai au warf de M. Mesnier. Il y avait avec moi un homme de couleur qui s'était chargé de me conduire. Au moment où nous arrivions près du warf, quatre personnes se promenaient sur le rivage, dans la tenue blanche et peu cérémonieuse des colonies. Le mulâtre en appela deux par leur nom en disant qu'un gentleman les demandait. Ces deux personnes arrivèrent sur le warf, et l'une d'elles s'adressant à moi, qui venais de me lever :

« Vous êtes monsieur Félix Belly ?

— Précisément !

— Je vous attendais et tout le monde vous attend ici. »

Je sautai sur le warf et je serrai cordialement la main de ma nouvelle connaissance. C'était un jeune homme de trente ans, petit et mince, figure espagnole, teint mat et brun. Je le connaissais de nom depuis longtemps et je le savais universellement aimé et apprécié dans le pays. (Je n'ai eu depuis qu'à m'applaudir de son concours et de son influence méritée.) Français de cœur et d'aspirations comme de naissance, M. Antonin de Barruel était la première autorité de Greytown. Le suffrage universel de cette petite ville (120 électeurs) l'avait élevé à la présidence de son conseil d'administration.

Avec M. de Barruel étaient arrivés plusieurs autres habitants. On me les présenta. Mon nom courut de bouche en bouche, et une heure après, tout Greytown savait que le défenseur le plus dévoué de l'Amérique centrale venait d'arriver. On ignorait à quel titre je venais. J'avais évité moi-même toute explication à ce sujet et j'étais décidé à me tenir jusqu'au bout sur la réserve. Mais une vieille réputation et le nom de la France disaient tout. On m'attendait d'ailleurs avec une impatience extraordinaire. Il n'en fallait pas davantage pour faire supposer que j'avais tous les titres et tous les pouvoirs. Les Américains seuls semblaient consternés. La France, quoi qu'ils en disent, leur inspire un certain respect, et le Français tant attendu, que tous leurs journaux avaient violemment attaqué, c'était pour eux le signal de l'intervention française.

Le lendemain matin, au point du jour, une pirogue indienne partait en courrier extraordinaire pour prévenir le général Lamar de ce contre-temps [1]. Les Américains espéraient ainsi enlever une signature avant mon arrivée à Managua, car le courrier ne devait partir qu'à 9 ou 10 heures, et, en forçant de rames, ils pouvaient avoir sur moi une avance de quelques heures, peut-être même d'une journée.

M. Juan Mesnier était là. Je lui demandai franchement l'hospitalité. Elle était accordée d'avance. On m'avait même dit en Europe qu'il m'avait préparé une chambre, luxe énorme à Greytown. Sa maison était au bout du warf, à quatre pas du rivage. Je montai un escalier en bois, je me trouvai sur une galerie en bois faisant face à la mer ; on ouvrit une grosse porte verte et deux fenêtres latérales fermées comme la porte, et je me trouvai sur le plancher nu d'un grenier, couvert par un toit aigu en palmes de cocotier.

---

[1] Afin de presser cet envoyé spécial des États-Unis à Managua, auprès du président de la république de Nicaragua, « d'enlever le traité Cass-Irazarri coûte que coûte » (*A travers l'Amérique centrale*, II, 126). Ce traité livrait aux États-Unis la concession du canal de Nicaragua dans des conditions qui eussent soumis l'Amérique centrale et tout le transit au protectorat des Yankees, fait du percement de l'isthme leur œuvre exclusive et réparé l'échec des flibustiers de Walkers, de Kinney, de Fabers. « Mon arrivée au milieu de cette crise suprême fut un événement dont je ne compris pas moi-même toute la portée, » dit l'auteur. (*Ibid*, II, 123.) En effet, Belly arrivait à temps pour empêcher ce traité d'être signé et donner à l'entreprise un caractère international.

C'était la fameuse chambre qui m'était destinée, la seule qu'on pût trouver dans la ville après le bombardement de 1854.

J'avoue que je fus un peu désappointé. Ce grenier d'une maison en planches, ouvert à tous les vents, sans vitres, sans joints, sans meubles, me parut un assez triste début. Et puis, j'avais l'imagination pleine de récits effrayants, de serpents trouvés sous les lits, de bêtes venimeuses pullulant dans les habitations, et mon nouveau domicile me semblait admirablement disposé pour servir de refuge à tous ces hôtes malfaisants. Je n'avançais donc qu'avec une certaine inquiétude. Le toit semblait à peine appuyé sur le bord du plancher, et les interstices étaient assez larges pour livrer passage aux plus gros boas. Je finis cependant par me rassurer. La brise de mer m'apportait des fraîcheurs très appréciées sous ces climats ; je m'arrêtai un moment sur la galerie pour jouir du coup d'œil de la baie, et après avoir déposé mes bagages sur le plancher qu'on venait de balayer pour la première fois peut-être depuis six mois, je me fis conduire par M. de Barruel à l'habitation de sa famille.

Or, cette habitation se trouvait précisément à l'extrémité du village, du côté du fleuve. Je fus donc obligé de le traverser et j'eus tout de suite une idée de son ensemble.

Qu'on se figure une pelouse du bois de Boulogne, grande comme le pré Catelan et bordée d'un côté par la mer et de l'autre par une forêt tropicale inaccessible : tel est l'emplacement de la ville. Sur cette pelouse, on a tracé parallèlement à la mer une large rue en ligne droite, qui est la principale artère et que d'autres rues, moins importantes, coupent à angles droits, en aboutissant à la mer. Toutes ces rues sont des pelouses toujours vertes dont le sol sablonneux absorbe l'eau des pluies, et ne permet ni ornières, ni rigoles ; la boue, par conséquent, y est inconnue comme la poussière. Seulement, le passage des habitants sur les points les plus fréquentés y a tracé des sentiers de sable noir, plus ou moins larges, qui bordent, le long des maisons, la verdure uniforme de la pelouse.

Quant aux maisons, il faut le dire tout de suite, ce sont des baraques en planches de l'apparence la plus misérable. Ainsi l'ont voulu les destins représentés par le génie destructeur des flibustiers du Nord. Leur construction est des plus simples. Deux rangées de piliers de bois, supportant un toit aigu en chaume de palmes et en bois de manglier; ni plafonds, ni fenêtres, ni vitres, ni meubles autres qu'un lit de sangle sans matelas, une table et quelques chaises. La plupart de ces maisons primitives sont des magasins, ou plutôt des bazars où sont réunis tous les produits de l'Europe et des États-Unis, mais des produits aujourd'hui sans acheteurs, grâce aux invasions de Walker et à la destruction de tout moyen de communication avec l'intérieur. Il y a, en outre, quelques maisons particulières blanchies à la chaux et qui paraissent un peu plus confortables; mais ce confort se borne à un plafond qui sert de plancher à une chambre supérieure, et à deux ou trois meubles plus ou moins utiles. J'allais oublier une moustiquaire dont il est impossible de se passer, surtout dans la saison des pluies, sous peine d'être dévoré.

Quand le soir je rentrai, pour me coucher, dans la chambre dont j'avais pris possession, j'y retrouvai mes vagues inquiétudes et le souvenir de quelques catastrophes récentes. On m'avait monté un lit de sangle sans moustiquaire et on m'assura que je n'en avais pas besoin, grâce au voisinage de la mer et à l'air frais qu'il procurait. Mon lit se composait d'une double sangle, de deux draps fins et blancs, et d'un oreiller de mousseline blanche garni d'une dentelle. C'était une délicate attention de Mme de Barruel, qui avait voulu dédommager ainsi l'étranger de tout ce qui lui manquait loin de son pays. On avait mis par précaution deux couvertures sur une chaise en bois, pour le cas où la fraîcheur du matin me réveillerait. Je fermai ma porte et mes deux fenêtres de bois avec des crochets; je fis le tour de mon grenier, ma bougie à la main; je visitai tous les coins avec la préoccupation d'un homme qui croit rencontrer partout des couleuvres ou des scorpions, et quoique je n'eusse rien trouvé que des araignées, qui, d'ailleurs, m'ont toujours

inspiré une invincible répulsion, je ne me couchai pas sans
un frisson involontaire. Peu à peu, cependant, ma résolution
ordinaire prenant le dessus, et ne sentant, d'ailleurs, ni moustiques ni moucherons, ni contact glacé ou venimeux, je finis
par m'endormir au croassement de plusieurs milliers de cra-
pauds qui habitent la rivière.

Quand le matin je me réveillai, il me semblait me souvenir
que la maison avait tremblé plusieurs fois; un coq chantait
sous la galerie, le jour m'arrivait par les fentes des portes et
par les points d'appui à claire-voie de la toiture, dont le treil-
lage de bambous tamisait la lumière. Il était six heures, et je
n'avais senti ni chaleur ni fraîcheur. Il me semblait même
que je respirais un air printanier plus doux, plus calmant,
plus égal qu'en Europe. Je n'avais éprouvé, pendant la nuit,
aucune de ces inquiétudes nerveuses, aucun de ces change-
ments d'air ambiant qui rendent nos nuits d'été souvent si
fatigantes. Mon sommeil avait été un véritable sommeil,
sans rêve, sans agitation, sans recherche involontaire d'un
drap tombé, et cependant sans lourdeur. Pour ceux qui
ont beaucoup vécu et qui savent combien de pareilles nuits
sont rares, ce seul fait donne l'idée d'une terre bénie. Je me
levai, j'ouvris la porte et les deux fenêtres, et je me trouvai
sur la galerie en face d'une nature reposée, d'une mer sans
rides, d'un ciel d'opale, et n'entendant aucun de ces bruits qui
signalent chez nous le réveil d'une ville.

Sur le warf qui servait de port principal étaient étendues
des formes blanches qui peu à peu se dégagèrent et firent
leur toilette à ciel ouvert : c'étaient les Indiens de quelques
embarcations de l'intérieur. Ils avaient passé la nuit pêle-
mêle sur le warf, trop heureux de coucher sur des planches
ajustées, eux qui la passent si souvent au fond de leur
canot.

Leur costume se composait uniformément d'un pantalon
blanc ou d'un caleçon, et d'une chemise. Seulement, la chemise, qui ne descendait guère au-dessous de la ceinture,
flottait au-dessus du pantalon, à peu près comme une petite
blouse blanche. Aussitôt qu'ils voulaient travailler, ils

enlevaient la chemise et se trouvaient ainsi avec le seul vêtement indispensable. J'ai constaté plusieurs fois par moi-même la commodité de ce costume.

Certes, les Indiennes de la rivière San-Juan et les négresses de sang mêlé des Mosquitos ne sauraient, sous aucun rapport, être mises en parallèle avec nos femmes européennes. Elles n'en ont ni la fraîcheur du teint, ni la richesse des formes, ni la perfection des détails, ni surtout le charme pénétrant. Et pourtant, quand on les voit passer à une certaine distance, avec leurs robes flottantes et leurs épaules nues, sans autre coiffure que leurs beaux cheveux noirs roulés en torsades, on sent qu'un peu de civilisation ferait de ces gracieux fantômes de véritables femmes. Le blanc seul, qui est la couleur universelle et quotidienne, leur donne au premier coup d'œil un aspect de fête. Il en faut si peu d'ailleurs pour être bien mise — une jupe et une chemisette — que toutes le sont à peu près, et que, l'élégance de la taille aidant, aucune n'est absolument disgracieuse. Leur jupe, à Greytown, est uniformément ornée, au bas, de deux garnitures plissées comme en portaient nos grand'mères. Quant à leur chemisette décolletée, qui laisse tout voir ou tout deviner, elle ne descend pas plus bas que la ceinture et flotte comme la chemise des hommes. Cependant, une fois la première impression passée, l'idée d'indécence ne s'attache jamais à ces nudités plus ou moins bronzées. On s'y habitue d'autant plus facilement qu'on sent, par sa propre expérience, la convenance climatérique d'un pareil costume.

Mon hôte était venu me demander des nouvelles de la première nuit passée sous son toit :

« J'ai parfaitement dormi, lui dis-je ; je n'ai trouvé aucun serpent dans mon lit, mais il me semble que nous avons eu un tremblement de terre.

— Un tremblement de terre ! s'écria mon excellent voisin. Oh ! je sais ce que c'est. Un Indien se sera appuyé contre la maison et elle se sera ébranlée. Il ne faut pas faire attention à ces secousses ; il suffit qu'un rat passe — et nous en avons beaucoup — pour que le plancher tremble.

J'ai constaté, en effet, le soir même, que les effets d'un tremblement de terre se produisaient à peu de frais. Quand je rentrai à dix heures accompagné de don Juan, qui portait une lanterne, je trouvai l'escalier et la galerie encombrés de dormeurs qui s'y étaient installés sans façon. Je fus obligé d'en déranger deux ou trois pour arriver jusqu'à ma porte. C'étaient toujours les Indiens des embarcations amarrées au warf qui avaient trouvé le gîte bon et qui dormaient là, hommes et femmes, sans souci des voleurs et sous la protection de leur heureux climat. Quand je fus couché, je les entendis se retourner et je compris alors les secousses de la veille. La maison, bâtie sans fondements comme toutes celles de Greytown et simplement posée, à un pied du sol, sur des appuis formés de cinq ou six briques, oscillait librement à tous les vents, et s'ébranlait tout entière au moindre mouvement de ses hôtes.

20 mars. — J'ai devant moi le spectacle calme et riant de la bouche du fleuve, couverte d'îles récentes, quelques-unes mobiles et voyageuses, formées par la riche végétation d'une espèce de nimphéa à feuilles très épaisses et à fleurs bleues. Ces îles ne datent que de quelques années; on les voit s'agrandir à vue d'œil; un courant plus rapide les entraînerait infailliblement, et avec elles les bancs de sable qui obstruent les abords de la ville. Ce courant aurait encore l'avantage de nettoyer le fond de la baie et d'empêcher la passe de se resserrer par le prolongement de la *Punta di Castilla*. La baie alors deviendrait un véritable port, protégé par la Punta comme par une jetée artificielle et muni d'un dock intérieur très commode, grâce au bras du fleuve qu'on appelle la lagune. Le seul fait du barrage du Colorado produirait ce résultat et donnerait à Greytown le meilleur port de toute la côte depuis Santo-Thomas jusqu'au Brésil, et le seul où l'on pût établir des bassins pour le radoub des navires, ce qui n'existe nulle part dans l'Atlantique.

Quand on arrive à Greytown par mer, la première chose qu'on aperçoit, les navires mouillés exceptés, c'est le pavillon mosquite dressé sur le bord du rivage à peu près au centre de la ville, tout près de l'emplacement occupé autrefois (avant 1854) par le consulat britannique. Ce pavillon ressemble à celui des États-Unis, avec cette différence que les bandes sont bleu-clair au lieu d'être rouges et que les étoiles américaines sont remplacées par le Jack anglais. Inutile de dire qu'il n'a pas été respecté par la fureur des Yankees conduits par Fabers. On sait que ces misérables ont foulé aux pieds, avec rage, le portrait même de Sa Majesté Britannique, confondant dans la même haine sauvage tous ceux qui faisaient obstacle à leurs projets désastreux.

Tout, du reste, à San-Juan, porte encore l'empreinte de cette journée infâme du 13 juillet 1854, qui rappelle les trop célèbres exploits des boucaniers du XVIIᵉ siècle. Auprès de chaque maison, ou plutôt de chaque baraque bâtie depuis l'incendie, se dresse un monceau de décombres formé de tous les débris possibles de l'ancienne habitation et de ce qu'elle contenait. Sur plusieurs points, le sol a été pour ainsi dire rasé. Les destructeurs n'ont épargné ni le consulat britannique, ni même leur propre agence consulaire. On sait qu'après avoir tiré sur la ville toute la journée 200 boulets et bombes qui ne l'ont pas atteinte, les unes tombant dans la mer, les autres passant par-dessus les toits pour aller se perdre dans la forêt, Fabers, le consul et ses acolytes sont descendus à terre à quatre heures, des haches et des torches à la main, et qu'ils ont détruit chaque maison, une à une, après l'avoir pillée [1]. Cette horrible exécution, sans exemple dans l'histoire moderne, est encore aussi vivante aujourd'hui dans l'imagination des habitants que le jour de la catastrophe. Deux cents familles ont été ruinées du coup et se sont trouvées le lendemain sans abri, sans pain, sans vêtements, et livrées à toutes les conséquences d'une véritable famine compliquée de fièvre et de folie. Les deux tiers s'étaient réfugiés dans la forêt, sur le bord du San-Juan, d'où ils assistaient, serrés les uns contre les autres, à la destruction de

---

[1] Chaque maison était un vaste magasin, Greytown servant d'entrepôt à tout le commerce de l'Europe et des États-Unis avec l'Amérique centrale.

leurs foyers. On était alors dans la saison des pluies et le ciel se fondait sur leurs têtes en cataractes tropicales. Cette situation dura plusieurs semaines. Soixante autres personnes sont restées entassées pendant le même temps dans une pauvre cabane de chaume mesurant 30 mètres carrés. D'autres s'étaient enfuies dans des îles inhabitées, au milieu des tigres et des serpents, moins à craindre que la convoitise des forbans. Que faisait alors ce Jack britannique si fier dans les notes où il revendique ses droits? Il disparaissait. Que faisait le consul anglais qui se prétend aujourd'hui le maître du territoire de Greytown et à qui il faut demander la permission de s'y établir? Il oubliait son drapeau mutilé, sa souveraine outragée, pour subir la destinée commune.

21 mars. Parti sur un bot, pirogue indienne creusée dans un tronc d'arbre. — J'avais tant désiré parcourir le San-Juan que je me suis lancé dans l'aventure avec un véritable bonheur. Mon embarcation, si primitive qu'elle fût, avait été aménagée avec un certain confort. On avait dressé au milieu un berceau imperméable, sous lequel je devais me tenir à la turque, assis ou couché. Mes bagages formaient le dossier; j'y avais fait étendre une natte et une couverture et je ne me trouvais pas trop mal sur ce divan improvisé. J'avais d'ailleurs à ma portée tout ce qu'il me fallait pour lire et pour écrire; plus l'appareil indispensable du voyageur : un thermomètre, une boîte de revolvers, ma lorgnette, un chasse-mouches en feuilles de palmier, mon parapluie et deux cartes du pays dont je pouvais comparer les indications. On avait même placé une planche à l'entrée de mon réduit, pour me servir de table au besoin, et j'avais à mes pieds des caisses de provisions dont la combinaison savante avait longuement occupé la sollicitude de Mme de Barruel.

Ainsi préparé, je dis adieu à mes nouveaux amis, dont la sympathie m'avait été si utile, et je me glissai sous mon berceau cintré dans le costume d'un *gentleman farmer* du Royaume-Uni, toile écrue des pieds à la tête, panama et bottes américaines. Puis je donnai le signal du départ.

Il était six heures et demie. Le temps était couvert, mais

l'air était si doux qu'il m'importait peu que j'eusse du soleil ou
de la pluie. L'équipage de mon navire, qui ne portait pas César
et sa fortune, se composait de quatre hommes, y compris le
capitaine. On les avait choisis parmi les Indiens et les nègres
de la Mosquita, parce que ces Anglais, comme on les appelle,
quoique, ethnographiquement parlant, les derniers des indigènes, ont acquis, au contact de l'Angleterre, des habitudes
d'ordre, d'exactitude et de travail qu'on ne rencontre pas
souvent chez les Centre-Américains. Tant il est vrai que tout
dépend du milieu où l'on vit, et que l'Europe n'a qu'à se présenter pour relever en quelques années les races les plus
dégénérées. Tous quatre ramaient à la pagaye, deux nègres
à l'avant, deux Indiens à l'arrière. Ils maniaient cette pagaye
de 1ᵐ50 de longueur avec une grande précision, de haut en
bas, comme la nageoire de certains poissons et sans aucun
appui sur le bateau.

Le thermomètre marquait 22°, ce qui dut être jadis la température du paradis terrestre. La pirogue se dirigea d'abord
à la perche à travers de hautes herbes qui formaient de véritables îlots de roseaux, de nénuphars et de cannes sauvages ;
puis elle entra dans le fleuve. Le fleuve, en ce moment, était
à son plus bas étiage, et cependant il devait avoir une profondeur moyenne de 6 à 7 pieds. J'en jugeai ainsi par le son-
dage involontaire des deux longues perches qu'on employait
de préférence dans les endroits les moins profonds. La largeur ordinaire était celle de la Seine devant les Tuileries.
Mais qu'on se figure une nappe d'eau de cette largeur coulant
à pleins bords entre deux murailles de forêts tellement
épaisses qu'il était impossible de distinguer un seul tronc
d'arbre. Le rivage disparaissait sous un rideau de verdure
qui tombait de 60 pieds de hauteur et qui laissait traîner
dans l'eau du fleuve ses lianes serrées comme des filets et
ses panaches fatigués de leur grandeur. Le fond de la forêt
semblait se composer de gigantesques céïbas, de manguiers
au vert sombre, de beaux papayers à parasol et de vigoureux tamariniers. Mais l'ornement le plus saillant et le plus
pittoresque des deux rives était des milliers de bananiers

sans tronc, qui, du milieu du fleuve, jetaient en aigrette des bouquets de palmes de 15 à 20 mètres de longueur, dont le vert tendre mêlé de rouge tranchait sur le fond plus uniforme des massifs.

Le cours du San-Juan est très sinueux. Le coup d'œil variait donc à chaque coup de pagaye. Des îles nombreuses divisaient ses eaux, tantôt couvertes d'arbres comme ses rives, tantôt dessinant des collines de joncs assez touffus pour former une croupe de velours vert. De temps en temps, des troncs d'arbres barraient le chemin et n'attendaient que les premières crues pour être emportés. Quelques oiseaux inconnus rasaient le bord. Des bouquets de fleurs énormes, presque toujours disposées en régimes comme les bananes, se penchaient jusqu'à moi assez pour être cueillies avec mon crochet. Des feuilles étranges, figurant les jantes d'une roue, me frappaient par leur développement circulaire dont rien en Europe ne peut donner une idée. Mais partout et toujours, un rideau de forêts bornait mon horizon, ne m'offrant que des contours de verdure découpés selon les sinuosités du rivage.

On m'avait averti qu'il pleuvait souvent sur le San-Juan, comme il pleut dans la baie de Santo-Thomas et partout où les masses forestières attirent les nuages. Il plut en effet au début du voyage, mais cela ne dura pas. Il ne resta bientôt qu'un ciel assez nuageux pour tamiser la lumière et pour la rendre par conséquent plus supportable aux yeux.

Perdu au milieu de ces solitudes sans écho, à demi couché dans ma pirogue, à la garde de quatre hommes qui ne savaient rien de la civilisation, je pensais alors involontairement à ces poétiques allégories où le bonheur, représenté par de jeunes femmes, se laisse glisser silencieusement le long des rives d'un fleuve enchanté, et je me disais que le San Juan était la représentation la plus saisissante du cadre de ce récit. L'Éden serait là, sans doute, si l'amour et la jeunesse venaient s'y réfugier.

Quand le soleil s'est levé, les contrastes d'ombre et de lumière ont donné aux impénétrables charmilles du bord des reliefs puissants qui semblaient venir quelquefois de vallées ombreuses, sans que jamais il fût possible d'entrevoir le sol sous leurs voûtes infranchissables.

A dix heures, le contact de l'eau m'avait donné appétit. J'ouvris la caisse aux provisions. Elles se composaient de conserves, de sardines, de homards, de saucisses truffées et de confitures, toutes choses qui pouvaient se manger sans préparation, et de quelques bouteilles de vin de Bordeaux (Saint-Julien), de la maison La Caussade et Cie. On m'avait donné de plus une caisse de biscuits pour les jours de disette et quatre pains pour le commencement de la route. Eh bien! je fis un déjeuner de roi que je terminai par une tasse de café froid sans sucre qui me parut délicieux.

De temps en temps, nous découvrions une cabane bâtie au bord du fleuve, à 10 ou 12 pieds au-dessus de l'eau. Un chapeau de paille se montrait sur le seuil et l'on échangeait invariablement les questions suivantes, en anglais ou en espagnol :

« Qui conduisez-vous?

— Un gentleman français.

— Va-t-il à Grenade?

— Non, à Sarapiqui. »

Puis les pagayes s'abaissaient et le bateau reprenait son élan.

A midi, on s'arrêta devant une de ces cabanes. C'était l'heure du déjeuner des rameurs. Je sautai hors de la pirogue, et comme il fallait gravir un talus glissant pour arriver sur la berge, une voix française me dit :

« Donnez-moi la main. »

C'était l'habitant du rancho, un jeune homme de 30 ans, figure blonde et douce. J'entrai avec lui dans la cabane. Elle était faite à l'indienne, en cannes sauvages et en feuilles de bananier. Elle était partagée dans sa longueur par une tendue en roseaux qui cachait trois lits à moustiquaires, formés d'une planche et d'une couverture. Une malle pour serrer le linge et quelques ustensiles de cuisine ou de travail. Il y avait en effet un second personnage, assis sur un banc et qui ne disait mot; puis dehors, sous la porte ouverte de l'habitation, une mulâtresse d'une belle carnation florentine, dont la chemise de mousseline blanche ne cachait pas plus la gorge que les épaules et dont les yeux noirs, curieux et surpris, ne manquaient ni de bonté ni d'éclat.

Je n'ai vu qu'une jolie femme de couleur à Greytown, mais elle aurait été remarquée à Paris. Elle se tenait, un jour, devant une maison qui touchait à la mienne, en compagnie d'une vieille Indienne et d'un nègre demi-nu. Je la regardai avec une certaine satisfaction. Elle s'en aperçut et son front s'éclaira. Quel dommage que cette magnifique créature se soit trouvée perdue dans un pareil monde!

J'interrogeai le nouveau Robinson. Il était venu, un jour, du fond de la Bretagne, sur un navire américain, chercher fortune à San-Juan, et ne la trouvant pas aussi facilement qu'il le désirait, il s'était installé, trois ans auparavant, sur ce cap ignoré.

« Et que mangez-vous? lui demandai-je.

— Des bananes, des sapotes, des tortilles. »

Je voyais le rouleau de pierre des tortilles posé dans un coin sur sa meule de pierre.

« Et jamais de viande?

— Si, quelquefois, quand je vais tuer des cochons sauvages dans la montagne.

— Cette chasse doit être périlleuse.

— Oh non! quand on y est un peu habitué.

— Mais ne rencontrez-vous pas des serpents?

— Oui, très souvent, presque tous les jours; mais ils ne m'ont jamais fait de mal.

— Et comment faites-vous pour vous en débarrasser?

— Oh! bien simplement : je casse une branche d'arbre et je les tue.

— Mais s'ils sont gros?

— Ça ne fait rien. J'en ai quelquefois tué de gros comme ceci (il me montrait un pilier de sa cabane qui mesurait bien 8 pouces de diamètre), mais comme plus ils sont gros, plus ils sont endormis, je les ai toujours surpris avant qu'ils m'eussent attaqué. Je crains bien plus les petites couleuvres qu'on ne voit pas dans l'herbe et dont le venin d'ailleurs est plus actif. »

Tout cela était dit dans un français bretonnant, où le cas-tillan se faisait jour.

Pendant ce dialogue, la mulâtresse se leva et alla chercher une petite fille toute nue, âgée de 12 à 15 mois et blanche comme une Irlandaise. C'était le fruit de son union avec le Breton, union que le dévouement, peut-être, sanctifiait à défaut d'une autre consécration. Elle la portait à la mode de ces pays, c'est-à-dire à cheval sur son flanc.

« Votre femme parle-t-elle français? » dis-je à l'amant d'Atala.

Elle sourit et me fit un signe de tête négatif.

« Vous voyez, dans tous les cas, qu'elle le comprend. »

L'enfant regardait, de ses grands yeux bleus, l'étranger qui troublait ses petites idées sur le monde vivant de sa cabane. L'étranger lui mit une pièce de monnaie dans la main. Il n'en fallut pas davantage pour dissiper ses défiances instinc-tives. J'étais cependant le premier homme de ma race qu'elle eût aperçu, son père excepté, car le Breton m'avait dit que depuis trois ans il n'avait jamais vu de Français dans ces parages.

Je fis le tour de son établissement agricole. Il se composait uniquement d'une centaine de bananiers toujours chargés de fruits, dont le jardin carré était fermé de tous côtés par le fleuve ou par la forêt. Un énorme sapotier, de 30 mètres de tige avant la première branche, dominait toute cette végétation luxuriante, en laissant tomber de sa cime, comme autant de gros cordages d'un mât, une vingtaine de lianes isolées, nues comme des cordes et raides comme des tiges de fer.

— Quand je rentrai dans ma pirogue, il faisait le temps le plus chaud que j'eusse encore éprouvé (27°). Cependant, on tendit une voile et, quelques instants après, il souffla assez d'air pour la remplir.

J'avais déjà remarqué qu'à mesure qu'on s'éloignait de Grey-town, le terrain, d'abord très bas, s'était progressivement élevé. De temps en temps, j'entrevoyais, derrière le premier rideau d'arbres, des mamelons étagés, qui supposaient des hauteurs.

On m'avait averti qu'une fois en pleine rivière, mon équipage se débarrasserait de tout vêtement, même du plus indispensable, pour ramer avec plus de facilité. Je ne sais pas si ces braves gens eurent peur d'offenser, non ma pudeur, mais ma dignité supposée; pourtant je n'eus pas à me plaindre de ce sans-façon, que d'ailleurs j'aurais compris avec indulgence, car plusieurs pirogues que nous rencontrâmes, venant de Castillo, avaient eu moins de scrupule que la mienne, et je sentais bien, à mes propres désirs, que le moins de vêtements possible était le mieux.

Quand j'avais soif, je plongeais mon verre dans le San-Juan. Ce n'était pas tout à fait de l'eau filtrée, mais elle n'en paraissait pas moins bonne.

Je n'ai pas vu un seul caïman, quoique la rivière en fût infestée.

Quelquefois l'horizon, s'élargissant tout à coup, me rappelait par sa beauté les rives fameuses de Therapia, sur le Bosphore.

J'avais soulevé les couvertures de mon berceau et je laissais l'air circuler par toutes les issues. C'était délicieux. A deux, c'eût été divin.

La pente de la rivière ressemble à celle de la Saône, à Fontaine.

De temps en temps, mes nègres mordaient dans une canne à sucre, dont ils rejetaient les morceaux après les avoir sucés. J'essayai d'en faire autant, mais je trouvai le régal médiocre. C'est un verre d'eau sucrée à l'état de sève.

Quelquefois, les lianes formaient, au-dessus des arbres, à 50 mètres de hauteur, des coupoles immenses dont les amples et mobiles courtines retombaient jusqu'à terre avec une incomparable majesté.

Plus nous avancions, plus la végétation accusait de force et de grandeur.

— A deux heures trois quarts, nous sommes arrivés devant

une pointe basse derrière laquelle le fleuve rejetait la plus forte partie de ses ondes : c'était l'affluent du Colorado. Le San-Juan mesurait là au moins 800 mètres de largeur. C'est un superbe spectacle que ce dédoublement de ses eaux et cette double courbe de forêts qui s'en allaient à droite et à gauche avec une égale magnificence.

La séparation est indiquée par la couleur de l'eau bien avant d'arriver à ce promontoire. On devine qu'au milieu du fleuve, un banc de sable, presque à fleur d'eau, faciliterait singulièrement les travaux d'un barrage.

A partir de là, la largeur moyenne du San-Juan lui donne un caractère grandiose. Ses rives s'élèvent sensiblement et sa végétation laisse apercevoir les derniers plans de l'horizon. C'est ainsi que j'ai vu apparaître tout à coup devant moi les montagnes de Costa-Rica. D'un autre côté, l'homme se montre de temps en temps sur la rive. J'ai vu, au bout d'une petite île charmante, une habitation blanchie à la chaux, dont une large galerie circulaire, supportée par des piliers de bois blanchis, donnait l'idée d'une certaine aisance. J'aurais juré qu'elle était habitée par des Européens, quoique je fusse trop loin pour distinguer les traits de deux hommes en pantalon blanc et en panama qui nous regardaient passer.

Plus loin, dans un endroit où le fleuve était large comme un bras de mer et laissait voir une plage élevée de 12 à 15 pieds, mes yeux furent attirés tout à coup par des linges blancs étendus le long d'un bois de bananiers. Une ombre blanche passe à travers les troncs espacés de l'arbre providentiel de ces contrées ; puis je ne la vois plus. Seulement, à côté d'une cabane perdue sous les feuilles, je crois entrevoir la silhouette d'un homme. Une voile latine toute prête attendait au bas d'un escalier qui conduisait au fleuve. Sans le grandiose du lieu et la splendeur des massifs d'arbres qui ombrageaient cette mystérieuse retraite, je me serais cru dans un lieu béni, cher à ma mémoire.

Voilà la vie heureuse, me disais-je, en pensant à la forme blanche. Voilà la vie heureuse, si elle est quelque part. Le domaine est sans bornes et le cœur peut se donner carrière ainsi que l'imagination.

Toutes les formes possibles de charmilles, de massifs, de pans de murailles vertes, de voûtes ombreuses et profondes, ont été épuisées par ces rives enchanteresses. Quand je voyais devant moi les caps lointains d'arbres entassés qui seuls formaient la rive jusque dans l'eau, j'aurais voulu rester au milieu de cette puissante nature, et je me promettais bien d'y revenir avec une autre moi-même pour m'en enivrer à souhait.

22 mars. — A six heures, la nuit était venue. Le soleil, descendu derrière un horizon d'arbres, laissait la place à la lune dans sa première phase. Je m'étais couché sur mon divan ; j'avais écarté les toiles goudronnées qui couvraient ma tente et je me laissais aller au balancement du bateau et aux vagues rêveries du crépuscule et de la première heure nocturne. En face de moi, sur le fond d'opale, se dessinait la Croix du Sud, que j'avais prise en amitié, depuis que je l'avais vue monter dans mon horizon. Je la regardais presque comme mon labarum et son seul nom me faisait éprouver une certaine émotion.

Peu à peu, mes idées se troublèrent et je m'endormis. Quand je me réveillai, le bateau était arrêté et je me trouvais plongé dans une obscurité profonde. J'étendis la main pour soulever la capote, elle était mouillée. Il avait plu pendant mon sommeil. On s'était empressé de me calfeutrer dans mon refuge et l'embarcation venait d'arriver à sa station pour la nuit. Je regardai autour de moi. Nous étions amarrés à un tronc d'arbre, dans un passage étroit dont les deux rivages me semblaient à la portée de la main. Les lucioles brillaient par intervalles, à travers les branches touffues. Pas un bruit dans l'air, si ce n'est un cri d'oiseau que je n'avais jamais entendu. Chacun fit ses préparatifs pour le repos, et les matelots le méritaient bien après quinze heures d'un travail continu que peu d'Européens auraient pu supporter. Ils n'avaient guère mangé que des bananes et de la canne à sucre. Les deux nègres se firent une tente de la voile en la soutenant de leurs pagayes, et tout rentra dans l'immobilité.

Le lendemain, à cinq heures et demie, nous sortions de

cette passe étroite qui n'était séparée du lit du fleuve que par une île. Je trouvais le San-Juan plus majestueux encore que la veille, sa végétation plus dense et les cimes de ses arbres plus fières, quoiqu'elles fussent voilées de vapeurs. Tout à coup, la voix du patron me cria : « Sarapiqui ! » Deux issues s'ouvraient devant nous avec des contours d'un indicible enchantement. L'une de ces issues, le Sarapiqui, semblait, non descendre dans le fleuve dont il est un des principaux affluents, mais lui emprunter au contraire ses pleines eaux qui se perdaient dans un lointain vaporeux ; l'autre s'arrondissait à droite comme un lac mystérieux caché par des entassements de forêts. La rive qui faisait face au Sarapiqui s'élevait comme un amphithéâtre et dominait les deux autres de ses coupoles étagées. Mais les deux autres décrivaient une courbe si gracieuse au-dessus de leur ceinture humide, immobile comme un bassin d'huile, que je ne savais sur lequel de ces trois promontoires j'aurais voulu planter ma tente. Je ne crois pas qu'il y ait rien au monde de comparable à ce magnifique confluent. La gravure elle-même n'a jamais rien idéalisé qui en approche.

Le Sarapiqui, lui aussi, est une délicieuse rivière, coulant à pleins bords entre deux murailles vertes, de 100 pieds de hauteur. Seulement, il est moins profond et moins grandiose que le San-Juan. On ne voit jamais loin devant soi, et l'effet d'optique produit par les arbres baignés par les eaux fait croire qu'on va tomber au delà dans un précipice. Il doit être terrible dans la saison des pluies, car nous trouvions à chaque pas des troncs d'arbres renversés et même des îlots entiers détachés de la rive avec leur végétation toujours puissante et prêts à se laisser entraîner au courant. La rive gauche surtout semblait minée. Les arbres surplombaient le fleuve et lui faisaient des grottes de verdure et des voûtes impénétrables au soleil. Je compris alors une histoire de serpent noir qui m'avait fait frissonner en Europe et qui dans mon imagination était restée rivée au nom du Sarapiqui.

Une pirogue comme la mienne, montée par quatre nègres, passait sous ces voûtes d'ombre. Elle conduisait un Français comme moi, amoureux de cette splendide nature et qui voulait l'observer de plus près. Mais si les fleurs ont des épines, cette splendide nature a le serpent noir, sans compter les crocodiles et les caïmans. Un de ces reptiles tomba d'une branche dans le bateau du voyageur. Le péril était sérieux ; les quatre nègres se jetèrent à l'eau pour l'éviter. Mais le Français fouilla tranquillement dans une boîte, et lorsque le serpent se dressa sur sa queue pour l'attaquer, il lui fit sauter la tête d'un coup de pistolet.

Cette histoire fantastique, arrivée à un homme dont je pourrais citer le nom, ne m'était pas sortie de la tête. Elle m'avait inspiré une certaine terreur vague pour le Sarapiqui, car je n'étais pas assez sûr de mon tir pour recommencer le singulier duel de mon compatriote. Ce qui n'empêchait pas que, quand nous passions près des arbres, je cherchais involontairement mon revolver.

A neuf heures et demie, nous nous trouvions dans un coude resserré de la rivière. Une plage de sable adossée à un mamelon invitait à descendre. Deux iguanes gris se promenaient lentement dans leur gravité de rois des sauriens. Nous nous arrêtâmes pour déjeuner, mais il nous fut impossible de mettre la main sur les iguanes, qui mesuraient un mètre jusqu'à l'extrémité de la queue.

A mesure que nous avancions, le lit de la rivière se resserrait et ses rives s'élevaient. L'eau devenait jaune et bourbeuse de claire et opaline qu'elle était d'abord. J'en conclus qu'il était tombé beaucoup d'eau dans les montagnes et que j'allais trouver les chemins détrempés.

En passant sous un arbre, au milieu de la journée, j'attirai à moi plusieurs lianes qui pendaient jusqu'à l'eau. C'étaient de véritables cordages de toutes les dimensions, depuis la ficelle ordinaire jusqu'au câble de navire. Il en tomba, non un serpent noir, mais un petit être qui me parut aussi intéressant et moins dangereux : c'était une espèce de sauterelle verte.

. . . .

De temps en temps, le patron faisait signe d'aborder. On

avait aperçu un iguane sur un tronc d'arbre. Des bouquets de bananiers chargés de fruits couronnaient le sommet d'un talus. L'iguane imprudent était tué sans coup férir, quelle que fût la distance et quoiqu'il fût absolument invisible pour mes yeux civilisés ; puis les deux nègres grimpaient comme des singes jusqu'aux bananiers, en abattaient les fruits les plus mûrs de deux coups de hachette, et revenaient, à travers les hautes herbes qui les cachaient tout entiers, avec une charge de mulet de cette pulpe délicieuse que la Providence prodigue avec tant de libéralité à ces peuples heureux.

— A trois heures, nous étions arrivés sous la plus touffue de ces retraites.

« Senor ministro, me dit le patron, c'est ici que nous passerons la nuit.

— Mais il est de bien bonne heure, nous pourrions faire encore un peu de chemin.

— Oui, mais il y a beaucoup d'arbres dans la rivière et il serait imprudent d'y rester trop tard. »

Le patron ne me disait pas que lui et ses hommes voulaient manger les deux iguanes qu'ils avaient tués, avec un assaisonnement de bananes, et que la perspective d'un bon dîner les séduisait plus que l'avantage d'arriver ce soir même à notre destination. C'était un mauvais calcul. Mon brave Indien dut s'en repentir le lendemain.

J'examinai alors mon campement. Quatre arbres énormes, tous quatre d'une espèce différente, penchaient sur le fleuve leurs rameaux épais, qui nous plongeaient dans une demi-obscurité. Le plus gros de ces arbres avait, jusqu'à 20 pieds du sol, le tronc aplati comme un cactus, mais comme un cactus qui serait large de 3 mètres, ce qui ne l'empêchait pas de s'élever à 100 pieds de haut. C'était une véritable monstruosité végétale. Son voisin, un figuier gigantesque à peau lisse, portait des feuilles assez larges pour expliquer l'usage qu'en firent nos premiers parents dans le paradis terrestre. Quatre feuilles de cette dimension auraient fait une jupe fort décente.

Je sautai sur la plage. Elle était formée exclusivement

d'un vieux tronc pourri et vaseux, sur lequel les dernières
eaux avaient laissé une couche de sable noir que j'avais déjà
remarquée à Greytown. En un clin d'œil, les abords de ce
pied-à-terre furent débarrassés de leurs broussailles et de
leurs hautes herbes. Je compris alors l'utilité de cet instru-
ment unique et universel que les Indiens appellent *machète*
et qui leur vaut un arsenal. En dix coups de machète, une
route fut frayée jusque sur le talus, un arbre fut abattu, un
foyer fut construit, et les préparatifs du dîner commencèrent.
Moi-même, qui ne pensais plus guère au serpent noir du Sarapiqui, je m'armai résolument de cette lourde barre de fer à
poignée de bois, et, pendant qu'on allumait le feu, je pénétrai
dans le fourré, en abattant tout ce qui me faisait obstacle. Je
n'allai pas bien loin, car la forêt était compacte et il me restait
une vague inquiétude de trouver sur mes pas quelque rep-
tile effarouché. Mais j'avais foulé une terre vierge de tout
contact humain ; j'avais entrevu une centaine d'espèces
d'arbres géants dont la puissante végétation est inconnue en
Europe ; j'avais abattu, moi aussi, et sans beaucoup de peine,
un bananier qui gênait mon passage. Je devins presque fier
de cette expédition, et bien pénétré de la sottise des terreurs
dont on nous assiège relativement à cette nature inexplorée.

Je trouvai une grosse marmite en fonte sur le feu et mes
deux nègres en train de préparer les deux iguanes, car le troisième avait été emporté par le torrent. L'opération n'exigeait
aucune connaissance de l'art du dépècement. Les deux sauriens furent jetés d'abord sur le foyer flambant, ce qui leur
tendit la peau et permit de leur enlever toute l'épiderme en
les raclant. Puis on leur coupa la tête et le bout des pattes,
qu'on jeta à l'eau ; on les ouvrit pour les vider et les laver
ensuite au courant de la rivière, et le corps ainsi nettoyé fut
coupé en morceaux et jeté dans la marmite noire, à moitié
pleine d'eau, en compagnie d'un quartier de graisse brute
emprunté à je ne sais quel viscère de porc ou de vache.
L'un d'eux était une femelle qui avait dans le ventre 27 œufs
de la grosseur d'un œuf de pigeon, mais blancs et ternes ; on
les mangea comme le reste.

Je ne sais quel peut être le mérite culinaire de ce mets indien. L'envie ne me vint pas d'en goûter... Il me restait du pain, du vin et du sucre ; je me fis une tasse de vin sucré, et j'allai me coucher dans le bateau, très ravi de ma journée et très désireux de la finir par une bonne nuit.

23. — J'oubliai malheureusement de faire monter ma moustiquaire, qui ne m'avait pas encore servi, quoiqu'on m'eût annoncé que je trouverais beaucoup de moustiques dans le San-Juan. Je passai une nuit très tourmentée par les petites bêtes, qui me trouvaient à leur goût. Était-ce vraiment des moustiques? J'en doute encore, quoique mes mains et ma figure en aient porté plusieurs jours des traces telles que j'avais l'air d'avoir échappé à la moins bénigne des petites véroles. Mais j'avais été assailli, en mettant le pied sur la plage, par tant d'autres petits insectes noirs, que j'étais fort tenté de leur attribuer les taches rouges qui me défiguraient.

Quoi qu'il en soit, quand je me réveillai le matin, courbaturé et endolori, j'oubliai moustiques et insectes pour embrasser un spectacle inattendu. La rivière avait crû de deux ou trois pieds pendant la nuit; mon campement avait disparu. La pirogue, entraînée à la dérive, n'avait été arrêtée que par des entrelacements de troncs et de branches qui la retenaient prisonnière sous un berceau presque à fleur d'eau. La rivière, enflée par les pluies que je prévoyais la veille, roulait des eaux limoneuses, sans fracas, mais à pleines rives. C'était la Saône, à Fontaine, dans les fameuses inondations de 1855, mais la Saône encaissée entre deux berges infranchissables et bordée de forêts séculaires.

Mon équipage était soucieux et ne paraissait pas trouver le spectacle aussi intéressant que moi.

« La rivière a beaucoup grossi cette nuit, me dit le patron. Nous allons avoir beaucoup de travail.

— Et quand arriverons-nous au Muelle? demandai-je.

— *Quien sabe*, répondit l'Indien avec la résignation ordinaire de sa race. Sans la pluie, nous serions arrivés de bonne heure. Maintenant, le fleuve est notre maître. »

Je leur versai à tous un bon verre d'eau-de-vie, et l'embarcation s'ébranla. Alors commença pour ces braves gens une lutte acharnée qui dura plusieurs heures. Il fallait longer le rivage, s'accrocher aux branches les plus fortes, passer entre les troncs les plus avancés, se faire un point d'appui de leurs racines et rompre le courant en passant souvent d'un bord à l'autre. Le thermomètre marquait toujours ses 22°, que la fraîcheur du matin et l'ombre des grands arbres me faisaient trouver plus agréables encore. J'étais bien loin de la légende du serpent noir tombant d'une branche. Je trouvais même cette navigation sous des tunnels de feuilles pleine de saveur et d'originalité. Tout Paris se fût certainement jeté avec furie dans une pareille partie de plaisir. La machète cependant avait quelquefois beaucoup à faire pour abattre les obstacles qui gênaient notre marche. Il ne manquait pas même à l'aventure le piquant du danger, car notre voisinage des hautes herbes en faisait fuir les habitants, et plusieurs serpents glissèrent sous nos yeux en remontant le talus. Un d'eux, plus hardi, voulut sauter dans la barque : un coup de fusil tiré à plomb lui broya la tête; son corps tomba; je me levai pour le saisir, mais le courant trop rapide l'emporta. Il avait à peu près 5 pieds de long, la grosseur d'un bras d'enfant au milieu, le ventre jaune clair et la croupe noire et grise des trigonocéphales. Le nègre, dans tous les cas, ne s'était pas jeté à l'eau pour l'éviter et je n'avais pas eu besoin d'ouvrir ma boîte de pistolets.

Nous marchions ainsi depuis six heures du matin, à travers une splendide nature rendue plus imposante par la tranquille majesté du fleuve débordant, quand, à midi, au moment où le soleil me reléguait sous ma tente, l'appel du capitaine m'avertit qu'il se passait quelque chose d'extraordinaire. La rivière se dédoublait. Son principal affluent, le Sucio, lui versait à ma gauche ses eaux chargées de vase jaunâtre, et le Sarapiqui continuait tout droit son cours plus limpide.

C'était du Sucio que nous étaient venues pendant la nuit les eaux torrentielles. Une fois séparé de lui, la route devint plus facile et il ne fut plus nécessaire de tant se rapprocher du bord, ce qui n'empêcha pas nos matelots de tuer plusieurs énormes oiseaux.

Je remarquai alors que mes deux cartes s'étaient trompées en plaçant la route de San-José au bout de la rivière de ce nom, qui se mêle au Sucio avant de se joindre au Sarapiqui. Bien loin de remonter le Sucio, nous remontions le Sarapiqui lui-même...

Une autre observation, plus intéressante pour moi parce qu'elle se rattache à mes travaux, m'a été suggérée par l'examen des crues du Sarapiqui. . . . .

. . . .

Depuis l'entrée du Sarapiqui jusque-là, je n'avais rencontré ni maison, ni cabane, ni éclaircie, ni rien qui trahît la présence de l'homme dans ces parages. C'était bien la solitude virginale dans son acception la plus absolue, dans son abandon le plus rigoureux. Le lit du Sarapiqui s'était creusé de plus en plus et rien ne faisait présager que je dusse rencontrer un être humain, quand, au moment où j'y pensais le moins, je vis sur ma droite des arbres évidemment coupés, un taillis ouvert, une place dégagée au sommet du talus, et finalement un toit de feuilles de bananier.

Je me crus arrivé à la cabane d'un bûcheron. J'étais tout uniment au Muelle, la station du fleuve, le bureau de douane de Costa-Rica, le siège d'un commandant militaire faisant fonction de douanier, presque une ville.

Muelle n'est pas indiqué sur les cartes du capitaine Lafond et de M. Myonnet-Dupuy. Je ne l'ai trouvé qu'à Muelle même, dans le rancho où j'ai passé la nuit, sur une carte allemande d'un voyage de MM. Scherner et Wagners, en date de 1854. Encore était-il placé sur la rive droite du Sarapiqui, tandis qu'en réalité il est sur la rive gauche.

Le bateau s'était arrêté au bas d'un escalier taillé en pleine terre noire et vaseuse, qui montait jusqu'à un plateau élevé de 25 pieds. Il pleuvait depuis une demi-heure. Je m'armai de mon parapluie et d'un portefeuille dans lequel se trouvaient quelques lettres de recommandation, et je gravis l'escalier étroit, mais glissant. Arrivé au sommet, je ne

trouvai qu'un grand nègre à qui je demandai s'il parlait
français. Sur sa réponse négative, je compris que ce n'était
pas la personne à laquelle j'étais recommandé à Muelle, et je
passai outre. Je voyais à dix pas plus loin une longue baraque
ou plutôt un rancho, composé d'un simple toit supporté
par quelques piliers de bois. J'arrivai devant cette baraque.
Cinq ou six hommes s'y trouvaient réunis ; je renouvelai ma
question. Un d'eux y répondit en français avec un accent
allemand très prononcé. Je lui présentai ma lettre (de don
Juan Mesnier). C'était à lui qu'elle s'adressait. Il la lut lentement, comme un homme très peu habitué à en recevoir de
pareilles. De mon côté, je regardai tour à tour les personnes
et les choses au milieu desquelles j'étais tombé, et j'étais
tenté de me dire, comme un doge de Gênes amené à Paris,
que la plus étonnante des choses était de m'y voir.

Quand mon Allemand eut tout lu, je lui demandai s'il
avait des chevaux et des mulets, tant j'étais pressé de
déguerpir.

« Non, monsieur. Ceux que nous avons sont malades.

— Mais, du moins, vous en attendez ce soir ?

— Mais non, monsieur.

— On ne vous a donc pas prévenu que j'arrivais ?

— Non, monsieur. Mais peut-être a-t-on prévenu le
commandant. »

Ce mot me fit souvenir que j'avais précisément depuis
Paris une lettre adressée au commandant du Sarapiqui.

« Eh bien, faites-moi le plaisir de me conduire chez le
commandant.

— Tout de suite. »

Le commandant était le premier fonctionnaire de Costa-
Rica que j'eusse encore rencontré. Je lui présentai ma
lettre, et pendant qu'il la lisait, j'examinai sa personne et
son entourage. L'habitation était entièrement vide ; pas un
meuble, pas un hamac, pas même un escabeau. Le sol nu,
sans autre abri que le toit. Seulement, une moitié de la case
était fermée par des traverses de roseaux à claire-voie, et
au-dessus, un plancher aussi à claire-voie servait de refuge

pour la nuit et laissait entrevoir une forme de lit garni d'une moustiquaire.

Mais ce qui me parut le plus étrange dans tout ceci, ce fut la présence d'une femme qui, à mon arrivée, avait fermé son corsage entr'ouvert. La femme du commandant, car c'était elle, était blanche, assez jolie et me regardait avec autant de curiosité que je regardais sa maison.

La réponse du commandant ne fut pas plus satisfaisante que celle de mon guide. Seulement, si je voulais absolument partir, il mettait à ma disposition un cheval quelconque et une vieille selle anglaise que je voyais accrochée à une tra-verse, mais pas de mulets pour mes bagages. Au reste, il ne s'agissait pour moi que d'attendre un peu, car les ordres qu'on avait envoyés à San-José devaient avoir été exécutés et alors les montures demandées arriveraient le lendemain, à moins que le conducteur ne se pressât pas, selon l'habi-tude, et alors il pourrait bien mettre cinq jours à faire les vingt lieues qui nous séparaient de San-José.

« Les chemins sont donc bien mauvais ? dis-je à l'Alle-mand, qui savait beaucoup plus de français que le fonction-naire.

— Oh ! oui, terribles ! »

Allons, pensai-je, l'aventure sera complète.

Et je quittai le commandant et rentrai dans la case de l'Allemand, ou plutôt du Suisse, car j'appris plus tard que c'était un Suisse des environs de Zurich.

24 mars. — Je me trouvais donc condamné à séjourner je ne sais combien d'heures sous ce rancho isolé. J'en eus bientôt pris mon parti et comme, malgré la pluie, la chaleur m'avait mis en nage, je procédai immédiatement, en plein air, à un changement de toilette qui me mît parfaitement à mon aise. A peine avais-je fini qu'en revenant au milieu de mes hôtes, qui s'étaient assis à table, je reconnus avec eux le comman-dant, mais vêtu cette fois d'une chemise immaculée, mise évidemment à mon intention. C'était un homme intelligent, plus curieux et plus actif que ceux de sa race, très entendu en matière de plantations et d'exploitations forestières et qui

me donna d'utiles renseignements sur les cultures de son pays. Son commandement était un simple poste de douane, sans un soldat et sans un employé. Le Sarapiqui étant la grande entrée de Costa-Rica pour les personnes et les marchandises venant d'Europe et des États-Unis, la place n'était pas tout à fait une sinécure ; mais on l'aurait fait occuper en Europe par un caporal [1].

Pour en revenir à mon installation, elle fut des plus simples... Pendant qu'on la préparait, j'examinais cette ville de Muelle où les ranchos, je n'ose pas dire les cabanes, ne pouvaient pas se compter jusqu'à trois. Autour du « palais » de mes Allemands, qui devenait momentanément le mien, un espace de 400 mètres carrés était dépouillé d'arbres et divisé en plusieurs enclos fermés de barrières. Ces enclos étaient destinés à des cultures diverses : cacao, café, bananiers, goyaviers, ignames, et même aux légumes de notre Europe et notamment aux pommes de terre et aux haricots. On leur avait donné le luxe de barrières fermées pour soustraire leurs jeunes plants aux ravages d'une vache qui broutait avec son veau et de quelques porcs qu'on engraissait avec du maïs. La vue de cette vache me causa une sensation de sybarite. J'allais donc me payer le luxe d'une tasse de lait, ce qui ne m'était pas arrivé depuis longtemps. J'avais remarqué que mes hôtes buvaient beaucoup de café... Lait et café me promettaient un déjeuner de Parisien. C'était plus que je pouvais espérer à 2,000 lieues de mon pays, au fond d'une forêt inconnue, où une pluie torrentielle menaçait de me confiner plusieurs jours.

Quant à mes hôtes, qui me laissaient ainsi envahir leur domicile avec une simplicité biblique, c'étaient de vrais ouvriers allemands, peu démonstratifs, jetés, eux aussi, par la fortune aveugle sur une terre qu'ils connaissaient à peine de nom. Le plus ouvert de ces compagnons, celui qui avait

---

[1] Le commandant appréciait à 100 tonneaux maritimes le poids des marchandises importées annuellement par le Sarapiqui. Il délivrait des laisser-passer avec lesquels on allait payer les droits à San-José. C'était donc un simple bureau d'enregistrement. Le commerce d'exportation se fait par Punta-Arénas.

lu ma lettre de recommandation, avait gagné quelque argent dans la Louisiane en abattant des arbres précieux pour l'exportation. Un beau jour, on avait annoncé dans tous les journaux des États-Unis que le général William Walker, président du Nicaragua par une élection régulière, offrait 250 ares de terre à tous ceux qui viendraient s'établir en colons sur son territoire. L'occasion l'avait tenté; il s'était embarqué pour Grenade. Mais une fois arrivé, on lui avait mis un fusil en mains, et il avait fallu de gré ou de force défendre, pendant 19 jours, la capitale du Nicaragua contre les alliés réunis pour la reprendre. Alors s'était passée sous ses yeux cette affreuse destruction d'une ville entière par les ordres barbares d'un bandit sans pitié. Walker n'avait pas plus épargné les propriétés de ses amis que celles de ses ennemis. La maison même du père Vigil, son ambassadeur à Washington, avait été livrée aux flammes. Les églises, les monuments publics, tous les souvenirs précieux que la guerre respecte, avaient subi le même sort, et de cette cité de 20,000 âmes, qui passait pour l'honneur du Nicaragua et que ses habitants avaient été forcés d'abandonner en masse pour se réfugier dans les forêts ou dans les haciendas voisines, il n'était resté qu'un monceau de ruines.

« J'ai compris alors, me disait mon excellent Suisse, que cet homme qui nous commandait n'était qu'un brigand. Je l'avais vu ordonner l'exécution d'une trentaine de ses soldats, sans conseil de guerre et sans jugement, par cela seul qu'ils étaient soupçonnés de vouloir déserter. Je savais, d'ailleurs, depuis que j'étais dans le pays, qu'il s'était nommé lui-même président de la République. Aucun habitant n'avait pris part à cette prétendue élection. Ses soldats même n'avaient pas été consultés; mais là où il en avait 25, comme au fort San-Carlos, on avait fait figurer 600 votes sur les registres, et ainsi de suite. Le Nicaragua tout entier était soulevé contre nous, depuis qu'on voyait la destruction et l'assassinat devenir notre seule occupation. La ville de Léon, qui nous était d'abord si dévouée, s'était soulevée d'indignation après le meurtre du général Corral. Nous avions certainement plus de courage personnel que tous les soldats de l'armée alliée. Mais nous faisions un métier qui ne me convenait pas. J'étais venu chercher, non un fusil, mais des terres. Walker ne voulait pas m'en donner, pas plus qu'aux autres, car il n'a tenu aucune de ses promesses; j'ai déserté au risque d'être fusillé par les Costa-Riciens, et je suis venu sans m'arrêter jusqu'ici, où les Costa-Riciens, non seulement ne m'ont pas fait de mal, mais m'ont donné encore les terres que je cherchais.

— Et combien vous coûtent ces terres?

— Oh! presque rien. Une piastre par 100 mètres carrés; encore ai-je six ans pour les payer. »

Et de question en question, mon interlocuteur se mit à me raconter simplement cette douloureuse odyssée des commencements de ce qu'il appelait sa plantation. Les trois associés avaient d'abord abattu à coups de hache des centaines d'arbres immenses, presque tous durs comme du fer et dont je voyais quelques troncs de 120 pieds de long et de 5 pieds de diamètre couchés dans la savane. Puis, ils s'étaient bâti, à la hâte, cette maison qui m'abritait, et ils avaient ensuite songé au plus pressé en plantant 1,500 pieds de bananiers. Plus tard, il leur était venu un quatrième compagnon, menuisier de son état. Celui-ci avait confectionné successivement l'armoire qui contenait les provisions et un peu de vaisselle, la table et les bancs qui servaient aux repas de la communauté, plusieurs autres ustensiles indispensables, et enfin les six lits de planches que je voyais. Or, celui que je devais occuper n'était en place que depuis trois jours. On le destinait aux étrangers et aux voyageurs comme moi, et j'étais arrivé juste à temps pour en profiter.

« Et la terre, répond-elle aussi à vos espérances ?

— Jugez-en vous-même. Tenez, voilà une plantation de bananiers; elle n'a que deux mois, et à la fin de l'année j'aurai des régimes portant de 100 à 250 bananes de cette belle espèce d'un pied de long qui est pour moi le meilleur fruit de l'Amérique. Désormais, nous n'avons plus qu'à recueillir, et quinze familles entières pourraient vivre de génération en génération avec ce seul produit de quelques jours de travail. Nous avons planté des pommes de terre, des ignames et des haricots verts, et tout est sorti à la fois.

Nous espérons même avoir des ignames de la grosse espèce, qui pèsent de 60 à 100 livres. Les goyaviers que vous avez vus croissent de six pouces par jour. Mais nous allons semer du café et dans trois ans nous aurons une première récolte. Notre cacao se fera un peu plus attendre, mais une fois qu'il sera en plein produit, nous n'aurons qu'à cueillir. C'est une bénédiction que la fécondité de cette terre, sans qu'il en coûte autre chose que de laisser tomber le grain ou la branche. J'ai creusé des trous de 15 pieds, et j'ai toujours trouvé le même sol composé de débris d'arbres qui tombent tout seuls et qui un an après sont de la terre végétale.

— Et qu'espérez-vous faire dans l'avenir sur un terrain si propre à toute espèce de culture?

— Oh! bien des choses. Mais le plus important et le plus pressé est d'avoir une maison propre, un peu confortable, où les voyageurs puissent loger.

— Ah! vous-y pensez? . . . .

Cette conversation avait lieu, non sous la cabane, mais en plein champ, sur le bord élevé du Sarapiqui, le long des arbres d'un jaune d'or ou d'un rouge carmin dont les meubles de l'habitation étaient faits, et qui attendaient couchés dans la boue qu'une main industrieuse les fît connaître à l'Europe. Le spectacle de cette nature si puissante m'avait jeté dans un monde d'idées au bout desquelles revenait toujours un rêve lointain. La vie humaine est partout la même. Toutes les positions se résument dans une aspiration unique qui en est à la fois le but et le complément. Je laissai malgré moi échapper cette réflexion, qui trahissait le fond, inavoué pour moi-même, de ma rêverie :

« Oui, mais quand vous en serez là, il faudra faire venir de Zurich une brave fille, jeune et sage, qui sera votre femme et qui vous aidera à mener votre auberge et votre plantation.

— Oh! j'irai bien la chercher moi-même. » — Et il n'ajouta

plus un mot. J'avais touché, en ne consultant que mes propres impressions, à la corde vibrante qui nous émeut tous, et qui résonne avec d'autant plus de force que la solitude est plus profonde. L'ancien soldat forcé de Walker, redevenu ce qu'il voulait être, un colon, caressait, lui aussi, son idéal de bonheur.

Quoi qu'il en soit, Costa-Rica, qui lui avait donné l'hospitalité, sans lui demander compte de son passé, lui devra peut-être dans peu d'années un établissement précieux pour son commerce et qu'aucun de ses habitants n'aurait songé à créer [1].

Ceci explique comment Walker a pu rencontrer au Nicaragua et même à Costa-Rica des partisans sincères. Beaucoup de gens étaient persuadés, et beaucoup le sont encore, que la race hispano-américaine était absolument incapable de sauver son pays de la dissolution. Un homme se présentait appartenant à une race laborieuse et opiniâtre qui a transformé toutes les régions dont elle s'est emparée et qui vient d'improviser en Californie une société complète, aussi exigeante et aussi raffinée que les plus riches sociétés d'Europe. Cet homme amenait avec lui de hardi pionniers, les mêmes qui avaient déjà accompli tant de merveilles, et il annonçait dans des prospectus retentissants qu'il allait renouveler l'Amérique centrale. Il était naturel qu'on le crût. Mais quand, au lieu du civilisateur, c'est l'incendiaire et l'assassin qui s'est révélé; quand on a vu cet homme répondre à la confiance du pays par la destruction sauvage et inutile de ses cités et se jouer de la vie humaine avec un cynisme et un dédain de pacha du xv⁵ siècle, on comprit que le prétendu sauveur n'était qu'un pirate ambitieux, aussi dépourvu d'intelligence que d'entrailles, et la réaction qui se produisit sauva le Nicaragua. Mais il n'en est pas moins vrai que, si Walker avait eu l'habileté la plus vulgaire et le moindre

---

[1] Cette prévision ne s'était pas réalisée quand l'auteur écrivit son grand ouvrage : « Le Muelle même est abandonné depuis quelques années, après avoir été le noyau d'une colonie allemande. » (I, 374.)

esprit de conduite, l'Amérique centrale tout entière tombait infailliblement entre ses mains.

— J'avais trouvé la pluie à Muelle. Elle y tombait depuis deux jours, et elle n'a presque pas cessé, ni jour ni nuit. Je craignais donc aujourd'hui, 24, de ne pouvoir plus en sortir, quand à quatre heures j'ai vu arriver par le sentier un Indien misérablement vêtu, qui a demandé où était le Français.

Il avait reçu un message de M. de Vars, portant l'ordre de partir tout de suite et de venir me chercher en grande hâte, et il s'était mis en route depuis trois jours.

25. — A six heures, l'Indien a paru avec trois mules d'assez chétive apparence, deux mules blanches pour mes bagages et une noire pour moi.

Et nous partîmes.

III

Au Costa-Rica.

25 mars. — *De Muelle à San-José.* — Mon Suisse avait
raison. Je ne pouvais m'imaginer ce que c'était que la route
de San-José. Nous entrâmes tout de suite en pleine forêt, à
travers un sentier de chasseur, à peine indiqué, mais en
revanche singulièrement hérissé de difficultés de toute
nature. Trois jours de pluie avaient détrempé la terre glai-
seuse qui crevassait le sol à 15 ou 20 pieds d'épaisseur.
Qu'on se figure dès lors une suite de fondrières profondes,
s'étageant sur les deux pentes d'une montagne, au milieu
d'arbres entassés sur le chemin et d'une végétation si compacte qu'il fallait se frayer un passage à coups de machète.
On n'avançait ainsi qu'avec des efforts infinis. Les mules,
heureusement, reconnaissaient leur route, malgré les change-
ments qu'elle avait subis depuis l'avant-veille, car les arbres
qui tombaient en travers ou les branches qui poussaient en
vingt-quatre heures n'en modifiaient que peu le tracé ; mais
moi qui ne voyais que des troncs glissants sur des pentes
quelquefois très raides, je n'étais pas d'abord sans inquiétude.
Cela ne dura pas. Je m'abandonnai à l'instinct de ma bête
et je me laissai gagner sans réserve par le magique tableau
de production et de ruine incessamment renouvelées qui se
déroulait sous mes pas.

La nature tropicale me donnait là, en effet, un échantillon
de ses audaces destructives et de son éternelle fécondité.
A côté d'arbres géants, droits et lisses comme des mâts de
cocagne, et que dix personnes auraient pu à peine embrasser,

d'autres arbres gisaient renversés par leur propre poids, tombés d'hier, demain en poussière pour fournir de nouveaux aliments à une sève intarissable. Je comprenais ainsi, d'un coup d'œil, cette merveilleuse multiplication qu'entretenait sa propre exubérance, et cette constitution particulière du sol qui devait son existence à ses détritus successifs.

Les incidents d'un pareil voyage devaient être toujours les mêmes : des branches parasites abattues, des fleurs étranges cueillies en passant, deux ou trois serpents tués par mon guide comme par distraction. Mais ce qui en faisait, malgré tous les obstacles, une heureuse matinée, c'était cette atmosphère particulière aux forêts vierges, formée de fraîcheurs éthérées et de senteurs aromatiques, qui m'inondait d'une volupté calme. De temps en temps, un bruit de flots orageux dominait tous les autres bruits. C'était le Sarapiqui devenu torrent et cataracte, que nous avions toujours à notre gauche, contrairement aux indications de toutes les cartes que je connais. Quelquefois même nous l'apercevions à travers les arbres, du haut d'une falaise à pic. Puis le torrent s'écartait dans un coude de ses capricieuses sinuosités, et la forêt redevenait silencieuse comme auparavant, fraîche et inaccessible comme toujours.

Il y avait deux heures que nous cheminions ainsi, mes deux guides marchant pieds nus et aussi à leur aise que je l'étais sur ma mule noire. Nous avions traversé sans encombre plusieurs ruisseaux devenus torrents, quand tout à coup une clairière s'est ouverte devant nous, nous annonçant la présence de l'homme au milieu de ce sauvage domaine. La clairière occupait le dessus d'un plateau, où les arbres abattus donnaient l'idée d'un champ de bataille récemment abandonné. Une pelouse verte réjouissait la vue par cela seul qu'elle était unie et sans précipices. Au bout de la clairière, entourée d'un bois de bananiers, une cabane en chaume s'enveloppait de fumée. Un homme en sortit en entendant les sabots de nos montures. Il était jeune, d'une figure belle et intelligente, et paraissait avoir à ses ordres une demi-douzaine d'Indiens. Mon guide échangea quelques paroles avec

lui, prit une lettre qu'il lui présenta, et nous allions continuer notre route, quand le maître de la plantation me
demanda en espagnol si je voulais une tasse de lait.

« Avez-vous aussi du café? lui répondis-je.

— Oui.

— Eh bien, j'accepte. »

Et me voilà installé, non pas dans la première cabane, la
seule que j'eusse vue d'abord, mais dans une seconde, plus
éloignée, qui paraissait être la demeure personnelle du
maître. Cette cabane était bâtie en tiges de bananier, à
claire-voie, et divisée en plusieurs compartiments, dans l'un
desquels je remarquai un lit de sangles, en fer, sans matelas,
mais avec moustiquaire. Le propriétaire m'approcha un
fauteuil à dossier renversé, comme on en fabrique tant aux
États-Unis et en Angleterre. Je savais déjà, par ce détail
et par le confort relatif de son habitation et l'étendue de ses
défrichements, que j'avais affaire à un Américain. J'avais
même remarqué une petite bibliothèque anglaise, que l'on
cherche vainement dans le mobilier d'un homme du pays.
Quand le café eut été servi, le jeune homme se leva, et, se
dirigeant vers une ouverture des compartiments de sa case,
il laissa tomber en guise de tenture, pour fermer cette ouverture, le drapeau étoilé de l'Union américaine.

« Voilà mon pays, me dit-il; je suis Yankee.

— Je l'avais deviné, lui dis-je sans témoigner aucun
étonnement. Ce n'était pas un Centre-Américain qui pouvait
avoir créé une pareille plantation.

— C'est vrai! Il n'y a que les États-Unis et les peuples
d'Europe qui sachent ce que vaut le travail.

— Et depuis combien de temps êtes-vous ici?

— Depuis deux ans.

— Et où en êtes-vous?

— J'ai 10,000 pieds de bananiers et 20 acres plantées
de cacao; dans trois ans, j'aurai une magnifique hacienda.

Il me demanda ensuite si je venais d'Europe, et, sur ma
réponse affirmative, quelles étaient les dernières nouvelles.

Je n'avais garde de lui parler politique, car sa question prin·
cipale était précise :

« Le commerce s'est-il un peu relevé de la dernière
crise ? »

Il se plaignait beaucoup de la cherté du café. Il finit par
me souhaiter un bon voyage et par me plaindre de l'horrible
chemin que j'avais à traverser ; puis nous nous serrâmes les
deux mains et nous nous quittâmes en nous traitant d'amis,
selon la naïve familiarité de l'idiome castillan.

Voilà l'humanité : ni bonne ni mauvaise, mais plus rap-
prochée de la bonté à mesure qu'elle s'éloigne des milieux
factices. Cet homme était fier de son pays, et il avait raison.
Mais, à New-York ou à la Nouvelle-Orléans, il m'aurait
peut-être traité en ennemi. Au Nicaragua, sous la direction
d'un Walker, il serait devenu un incendiaire ardent. Dans
les forêts vierges de Costa-Rica, c'était un pionnier pacifique
de la civilisation, et il accueillait en ami un voyageur
étranger pour qui les journaux de son pays n'avaient pas
assez d'injures et de colères.

En rentrant dans ma route obligée, je ne la trouvai pas
meilleure. Mais j'avais pris mon parti de ses mésaventures,
et je ne m'occupai plus que de ses beautés. J'atteignis ainsi,
sans trop de peine, la première station fixée par mon guide,
la Virgen, située, comme le Muelle, sur la rive gauche du
Sarapiqui, à cinq lieues de la colonie allemande. Il n'était
encore qu'une heure et j'aurais bien voulu aller d'une seule
traite à San Miguel, à quatre lieues plus loin. Mais quand
j'en fis la proposition à mon guide, il se récria sur l'im-
possibilité de passer le Sarapiqui sans être entraîné par
les grandes eaux. Je savais déjà que le passage du Sarapiqui était un des périls de la route, et je me résignai. Mon
guide insistait d'ailleurs sur ce point que j'étais l'ami d'un
homme considéré qui s'était fié à lui pour me conduire, et
il fallut bien me rendre à une si bonne raison, appuyée
du reste d'une lettre de M. Léonce de Vars à son « querido »
(ami) Ramon Alvarado.

En entrant dans l'unique habitation de la Virgen, qui

était construite à peu près comme celle de mon Américain, je me trouvai en face d'un mulâtre nu jusqu'à la ceinture. C'était le maître de céans. Il avait une femme, mulâtresse comme lui et aussi laide, mais plus blanche, et remarquable surtout par des pieds nus, blancs et dignes d'une Péruvienne. Des deux côtés de la porte principale étaient dressés deux espèces de divans en bois de palmier, recouverts d'une peau de bœuf blanche et noire. J'en choisis un pour la nuit, je commandai le meurtre et la préparation d'une poule qui devait faire un excellent bouillon, et j'allai voir de plus près quelques goyaviers et quelques gros orangers chargés de fruits, qui m'avaient frappé, en passant, par leur belle apparence.

A peine avais-je fait cent pas vers la forêt, à travers une prairie normande très étonnée de produire des bananes et des sapotes, que le bruit du torrent me frappa de nouveau. Je revins à la maison et je demandai à mon guide où était le chemin. Celui-ci se leva sans mot dire, alla chercher sa machète fidèle dans son fourreau de cuir et se mit à marcher devant moi pour me conduire où je voulais aller.

« Mais à quoi bon votre machète pour aller au Sarapiqui ? lui demandai-je en riant.

— Pour le tigre, me répondit-il sans se retourner.

— Comment, pour le tigre ! Il y en a donc ici ? »

Instinctivement, j'avais ralenti le pas. Cependant, l'allure de mon compagnon me décida. Nous traversâmes une bande de forêt qui descendait vers la rivière, et je me trouvai au bout de quelques minutes devant un torrent très rapide, roulant sur un lit de roches avec une pente de 3 à 4 centimètres par mètre. Ces roches avaient toutes cette forme ronde ou ovale qui accuse une longue course à travers des eaux emportées. L'eau néanmoins était très claire et invitait à se baigner. Je ne pus résister à la tentation et je tirai mes bottes pour me laver au moins les pieds. Don Ramon me laissa faire, et je trouvai tant de bien-être dans cette eau courante, que j'y restai bien trois quarts d'heure. Quand je fus rhabillé, je demandai à mon guide s'il y avait des poissons.

« Oui, il y a des crocodiles.

— Plus bas, vers le Sucio, je le sais ; mais là, où je me suis baigné.

— Il y en a aussi, mais de petits, seulement de cette grandeur. »

Et il laissait entre ses deux mains une distance de cinq à six pieds.

« Et attaquent-ils les gens ?

— *Quien sabe ?* »

Des tigres, des crocodiles ! Je crus un moment à une plaisanterie, mais l'air sérieux de don Ramon démentait cette supposition ; et puis, je songeai à la manière magistrale dont il s'était tiré d'affaire avec les serpents de la route, et je me persuadai qu'en fin de compte, tous ces dangers n'existaient que dans l'imagination et qu'avec une bonne machète et du sang-froid, un crocodile n'était pas plus à craindre qu'une tortue.

26 mars. — Quand je me suis levé, à cinq heures, j'ai trouvé devant moi la cour encombrée de veaux, de poules et de poussins, qui attendaient leur distribution matinale. Une douzaine de grands bœufs et de vaches rousses étaient couchés sur la pelouse, à côté de quatre jeunes chevaux en liberté. La forêt dessinait un hémicycle de grands végétaux sombres autour d'un bois plus modeste de bananiers d'un vert tendre. Une fraîcheur à laquelle je n'étais plus habitué, 17° Réaumur, me rappelait les campagnes de France et les bruits vivants de leur réveil. Une heure après, le soleil éclairait ce tableau, et nous prenions la route de San-Miguel.

Quand il avait fallu payer la dépense de la veille et du jour, car je venais de boire une grande jatte de lait dans un demi-coco, les difficultés de Muelle avaient recommencé en sens inverse : à Muelle, à cinq lieues de distance, on n'avait voulu accepter de l'argent de Costa-Rica qu'avec une réduction de 20 p. c.; à la Virgen, on ne connaissait que cet argent et on me prit 1 dollar 1/4 américain pour 10 réaux. De sorte que si j'avais été subitement transporté à Aspinwall, où l'or américain est le régulateur, mon petit pécule d'une piastre m'aurait coûté 40 p. c. de change.

Je vis charger les fusils pour le tigre. C'était donc quelque chose de sérieux.

31 mars. — De la Virgen à San-Miguel, il y a, me dit le guide, trois lieues espagnoles, toujours sur la rive droite du Sarapiqui, sans le rencontrer jamais. Nous avons fait ces trois lieues dans un chemin exactement semblable à celui de la veille, c'est-à-dire détestable. Nous sommes arrivés à San-Miguel à midi. C'était, comme toujours, une cabane isolée au milieu d'une éclaircie de la forêt. J'y ai couché sur une peau de bœuf, comme à la Virgen, et le lendemain, à sept heures du matin, nous étions en route. Il avait plu la veille depuis deux heures et une partie de la nuit. Il ne fallait donc pas s'attendre à une amélioration. J'étais loin cependant de supposer toute la réalité qui m'attendait. Il ne s'agissait plus, cette fois, de traverser simplement une forêt vierge à travers les obstacles d'une végétation exubérante, les troncs d'arbres renversés, les réseaux de racines inextricables, les terres fangeuses et glissantes et les torrents débordés. Il s'agissait d'escalader, à travers ces mêmes forêts, dont la masse compacte semblait se resserrer encore, une chaîne de montagnes d'une hauteur inconnue, dont le col supérieur se cachait derrière une spirale de vallées ascendantes. J'avais déjà remarqué plusieurs fois depuis San-Juan ce rideau de montagnes, mais dans un lointain vaporeux qui le grandissait encore. Je savais qu'il fallait le traverser pour arriver sur le plateau de San-José; mais, comme je supposais l'existence d'une véritable route, j'entrevoyais l'escalade plutôt comme un plaisir que comme une fatigue.

Nous nous mîmes donc en route, Ramon, nos trois mules et moi, sans trop nous soucier des brouillards qui enveloppaient la forêt et de la pluie intense dont nous étions menacés. On m'avait averti que j'aurais froid en route et que, la nuit surtout, j'aurais besoin de plusieurs couvertures. Je m'étais donc habillé en conséquence, comme s'il se fût agi de gravir les Alpes. C'était une précaution excessive. Le mot froid : *frio*, n'a pas la même signification pour les Indiens, vêtus d'un caleçon et d'une chemise, que pour nous qui portons constamment des vêtements de drap. Le *frio* des montagnes de Costa-Rica ne descendait pas au-dessous de 15° Réaumur, et ce n'était pas précisément le mal dont je devais souffrir. En revanche, la réalité du chemin dépassait tout ce que l'imagination pouvait inventer : une pente raide, abrupte, lézardée, entrecoupée de troncs énormes ou de racines inextricables, contournait successivement vingt mamelons échelonnés, à travers des torrents plus ou moins déchaînés, mais toujours dangereux. Le sentier n'avait pas plus d'un pied et demi de large, et la machète de Ramon et celle de son muchacho ne manquaient pas d'occupation. Nous ne marchions pas comme en Europe sur un sol compact, avec le roc pour point d'appui. La couche d'humus du Sarapiqui se continuait en remontant la montagne, et la pierre ne se montrait que sous la forme de roches arrondies et sans adhésion entre elles, comme celles que j'avais remarquées dans la rivière. Aussi, quand une descente succédait à une montée, la pente se montrait tellement glissante que, pour ne pas avoir le vertige, il fallait mettre pied à terre. J'avoue que j'ai eu deux fois cette faiblesse et qu'il m'a paru absurde d'affronter un danger aussi évident. J'ai su depuis que tout le monde en faisait autant et qu'on se hasardait même rarement à traverser à cheval les torrents dans les hautes eaux.

La première fois qu'après une ascension laborieuse je descendis vers un de ces torrents rapides dont les eaux mugissantes cachaient leurs chutes successives sous des voûtes impénétrables de verdure, je demandai à notre guide quel était le nom de ce fleuve mystérieux et inconnu.

El rio Sarapiqui », me répondit-il.

Deux heures après, nouvelle rivière, ou plutôt nouveau torrent encaissé dans des berges à pic, et tellement large et dangereux, qu'on avait dû le pourvoir d'un large pont en bois pour les bêtes et pour les gens.

« Et celui-là, comment l'appelez-vous ?

— El rio Sarapiqui. »

Or, nous traversâmes ainsi cinq à six branches toujours décorées du même nom et qui doivent être, en effet, les sources diverses de la belle rivière que, selon les géographes, je traversais trois jours auparavant à la hauteur du Sucio.

Malheureusement, presque partout les ponts s'étaient écroulés, et ce n'était pas sans hésitation qu'au fracas du fleuve naissant qui blanchissait d'écume, de chute en chute, ma mule se hasardait à poser le pied sur une roche humide ou dans la vase profonde ; un seul faux pas et j'étais perdu sans ressources. Le guide m'avoua plus tard qu'il avait eu peur un moment. J'en fus quitte pour un bain de pieds, à cheval, que la hauteur de l'eau rendait inévitable.

Mais, à mesure que j'avançais ainsi dans cette route accidentée, les magnificences de la forêt m'ouvraient des perspectives de plus en plus grandioses. Le chemin, d'abord modeste sentier tracé par le hasard, avait fini par se dérouler régulièrement sur le flanc des collines, qui montaient comme autant d'échelons jusqu'au plateau supérieur. J'avais alors, d'un côté la montagne en gradins qui me couvrait de ses ombrages étagés, de l'autre une pente presque à pic, dont les arbres séculaires n'étaient visibles que par leurs cimes. Ces cimes, toujours luxuriantes, toujours entassées, ne laissaient guère le regard s'égarer à 50 pas devant soi. Mais quand, par hasard, le rideau s'écartait, quand la pente s'ouvrait en gouffre sous la route, le précipice aboutissait à de telles profondeurs, la forêt qui couvrait toutes ces montagnes superposées devenait un si splendide manteau, qu'on ne regrettait plus les efforts accomplis pour arriver à ce spectacle. Des plus grandes hauteurs, les mamelons inférieurs couverts d'arbres pressés, de 130 à 140 pieds de jet, ressemblaient simplement à un tapis de mousse, et leurs abîmes auraient complètement passé inaperçus, si le bruit lointain des torrents ne les avait pas fait deviner [1].

— J'étais arrivé peu à peu, le troisième jour, à un tronçon de chemin bordé des deux côtés par une espèce de palmiers, dont la feuille figurait assez bien une feuille de mauve, grande

---

[1] L'auteur a complété ou résumé, pour son grand ouvrage, ces notes dont le premier jet conserve malgré cela tout son intérêt. On peut voir les détails qu'il y a ajoutés, t. I, p. 376 et II, 128.

comme un parapluie de famille, quand mon conducteur
s'arrêta devant une autre caravane de trois mules. J'entendis le chef de cette caravane dire en espagnol qu'il était
envoyé par le gouvernement au-devant d'un Français. Puis
aussitôt s'adressant à moi :

« Je crois que vous êtes le señor don Félix Belly?

— Précisément.

— Eh bien, je suis chargé par M. le président de vous
remettre une lettre de lui et de vous offrir ces deux mules. »

Une des mules était sellée, l'autre était destinée aux
bagages, et toutes les deux étaient conduites par un domestique.

L'envoyé descendit de cheval, se fit apporter un sac de
cuir noir et en tira un large pli cacheté qui contenait une
lettre.

C'était la réponse de M. Mora, président de la république
de Costa-Rica [1].

. . . .

Le porteur de cette missive affectueuse était un bel homme
à barbe noire, vêtu d'une veste ronde de laine tricotée, d'un
large chapeau de paille et d'une paire de bottes qui lui montaient presque jusqu'au ventre. Nous échangeâmes quelques
phrases de politesse, il m'offrit un petit verre de cognac que
je refusai et nous nous remîmes en marche avec une certaine
solennité.

L'envoyé se plaça devant moi pour abattre les branches
indiscrètes, et mon premier guide commença à s'apercevoir
que je n'étais pas un voyageur ordinaire.

La conversation ne tarda pas à s'engager entre les deux
chefs du convoi. Le courrier du président raconta qu'on
l'avait fait venir au milieu de la nuit au palais national pour
lui donner l'ordre de partir de bon matin à ma rencontre.
Je devais être infailliblement un homme considérable et il
fallait avoir pour moi les plus grands respects.

[1] L'auteur copie ici la lettre. Il dit dans son livre : Cette réponse m'as-
surait de « toute la considération que méritaient mes travaux » et me promettait une réception aussi cordiale que je pouvais le désirer. T. II, 127.

Le résultat de cette confidence fut que le señor Ramon tint un peu plus de compte de mon désir d'aller vite, et qu'au lieu de s'arrêter ce jour-là à La Paz, comme il l'avait résolu d'abord, il poussa l'étape jusqu'à une lieue et demie plus loin.

J'avais cru d'abord que cette *La Paz* était une ville comme la capitale de la Bolivie ou du moins un village, et je faisais déjà des réflexions sur le contraste de ce nom avec les souvenirs des lieux auxquels il s'applique. Mais, quand après avoir passé une dernière rivière sans avoir vu autre chose qu'un rancho abandonné, je demandai où était La Paz, on me dit que c'était la rivière elle-même. La Paz est donc le premier cours d'eau qu'on rencontre après le Sarapiqui et qui est sans doute son premier affluent.

J'avais été ravi des bords encaissés dans un vallon et de la merveilleuse végétation de ce frais torrent roulant sur des cailloux polis. J'ai pris note de sa position à la droite du Sarapiqui pour la signaler dans une carte future.

C'était bien un véritable rancho que celui où nous devions passer la nuit après dix heures d'ascension. Six piliers et un toit de palmes constituaient cette posada centre-américaine. L'édifice était situé sur un mamelon vert qui dominait le chemin. Nous étions non seulement en pleine montagne, mais en pleine forêt. Le brouillard des hautes cimes descendait jusqu'à nous, et les plantes parasites des grands arbres nous faisaient un mur de verdure sur trois côtés du hangar. Quant aux meubles, ils se composaient d'un tronc d'arbre raboté à coups de hache, qui occupait toute la longueur du rancho et qui figurait assez bien un divan de barbier turc.

Évidemment ce tronc d'arbre était la place d'honneur; on le couvrit en partie d'une couverture et je fus invité à m'y asseoir. Les mules furent déchargées et laissées en liberté dans le bois, les provisions furent apportées sur le divan et don Ramon eut bientôt allumé un grand feu à mes pieds, entre quatre grosses pierres qui avaient souvent servi à cet usage. Pittoresquement, j'étais assez satisfait de mon nouveau gîte; on ne pouvait rien désirer de mieux en fait de belle étoile. J'entendais les sourds grondements d'une espèce de singe très commun dans le pays, qu'on appelle, je crois, kouyo et qui rugit comme un lion. Tous les hôtes de la forêt pouvaient facilement devenir les miens, pour peu qu'ils en eussent la fantaisie ; et, comme nous étions tout à fait dans la région des nuages, à 2,000 pieds du niveau de la mer, j'étais à peu près sûr d'être rafraîchi toute la nuit par une pluie fine et pénétrante.

La pluie, en effet, ne manqua pas, et elle continuait encore le lendemain au réveil de la caravane. Mais personne n'y songea. Le courrier du gouverneur avait apporté de San-José quelques provisions, entre autres un poulet rôti et des petits pains de maïs enveloppés d'une croûte de froment. Tout le monde se plaça autour du feu sur des peaux de bœuf qui devaient plus tard servir de matelas. Le poulet du gouverneur et le reste furent dépecés à coups de machète ; je vidai généreusement ma dernière bouteille de cognac dans les demi-cocos de mes Costa-Riciens. Ramon fit du café dans une vieille bouilloire, le sucra avec de la mélasse noire coupée à même comme un morceau de chocolat et en régala toute l'assistance. Puis, quand l'heure de se coucher fut venue, c'est-à-dire après le souper, les deux guides me préparèrent un lit sur le divan avec une couverture pliée en deux, et chacun s'endormit dans sa peau de bœuf, aux lueurs intermittentes des dernières flammes du foyer.

Malheureusement, je ne pus en faire autant, non que mon imagination fût frappée de quelque terreur imaginaire, mais parce que la réalité du tronc d'arbre me brisait les côtes et m'endolorissait tous les membres. De toutes les fatigues d'un pareil voyage, la plus sérieuse, la seule sérieuse pour moi, c'est l'insomnie.

. . . .

J'étais d'assez mauvaise humeur le matin, quand je me soulevai tout meurtri de mon divan de bois.

« Cependant, me dit Ramon, Mme de Vars a aussi couché là, il y a six mois, lorsqu'elle est allée en France.

— Comment ! Mme de Vars a passé par cette route ?

— Oui, señor, et je lui ai fait du café le matin comme je vous en fais en ce moment. »

Cette Mme de Vars est une Costa-Ricienne mariée à un Français que j'avais vu à Paris et que je devais revoir dans une hacienda à une lieue de San-José.

Le fait avancé par Ramon me semblait si extravagant que j'eus hâte de l'éclaircir. J'appris qu'en effet Mme de Vars avait traversé les montagnes du Sarapiqui, mais ni à pied ni à cheval. Elle était assise dans une chaise à bras, garnie d'un appui pour les pieds et que deux hommes portaient tour à tour sur leur dos. La sûreté du pas de ces hommes rendait ce moyen de locomotion supportable, et c'était vraiment la seule manière de voyager, non pour une femme, mais pour une Européenne, car les femmes du pays n'y mettent pas tant de façons. J'en avais rencontré deux en route, blanches et jolies, qui, les épaules et la gorge nues et leur robe retroussée jusqu'au genou, s'étaient courageusement engagées dans ce dédale de boue, sous la seule protection du courrier de l'État.

Du rancho où nous avions passé la nuit, il n'y avait plus que deux heures de montée pour arriver au point culminant du plateau.

Ce point culminant était représenté par un grand hangar, en partie fermé, qui servait de magasin et de refuge aux ouvriers employés à faire la route; mon guide l'appelait : Desengaño [1]. Arrivés à cette hauteur, la pluie avait cessé, l'horizon s'élargissait, nous marchions sur une route supportable. La descente commença ; tout à coup Ramon me cria d'arrêter et, me montrant du doigt une ligne bleue à l'ouest :

« Voilà Punta-Arénas », me dit-il.

Je fus littéralement ébloui. Une échancrure de la forêt me permettait d'embrasser d'un coup d'œil une région nouvelle, baignée de lumière, entourée de hautes montagnes à pentes douces, qui s'abaissaient à l'occident jusqu'à laisser apercevoir au delà une large nappe d'eau. Cette région nouvelle,

---

[1] Désenchantement.

c'était toute la partie peuplée et active de la république de Costa-Rica. Ces montagnes, c'étaient les Cordillères, et cette mer lointaine où le guide me montrait Punta-Arénas, c'était l'océan Pacifique, le plus vaste réservoir de notre globe, la Méditerranée des Indes, de la Chine, du Japon et de l'Australie, le théâtre prédestiné de la grande civilisation de l'avenir.

Les idées qui s'emparèrent de moi se devinent. Missionnaire de cette civilisation de l'avenir, j'apercevais enfin la terre promise. Douce espérance! Je [1]. . . . .

. . . .

Je fus tiré de mes réflexions par un grand bruit de voix. Plusieurs Indiens annonçaient à mon avant-garde que deux officiers supérieurs envoyés à ma rencontre par le président de la République m'attendaient à l'hacienda voisine d'un membre du congrès. En effet, à 500 pas plus loin, je fus accosté par cette nouvelle escorte, dont le chef, le lieutenant-colonel don Pedro Barillier, me remit une lettre du ministre des affaires étrangères. Je ne pouvais plus me faire illusion, on me préparait une réception officielle.

Le lieutenant-colonel m'offrit son cheval, en prit un autre qu'il avait amené à dessein, et nous nous mîmes à descendre la montagne un peu plus vite que je ne l'avais montée. Le bruit

---

[1] Cette suspension de la phrase, suivie d'une ligne de points, est conforme au carnet. Après avoir parcouru le pays qu'il décrit ici de première vue, l'auteur a reproduit la même scène dans son livre, en ces termes : « J'embrassais d'un coup d'œil, grâce à l'admirable transparence de l'air, une vallée de vingt à trente lieues de diamètre, inondée de lumière, marquetée de cultures, semée de *pueblas* et d'*haciendas*, fermée au sud par une barrière de montagnes et à l'ouest par une mer à reflets d'argent. C'était la jeune république de Costa-Rica qui se révélait, sinon tout entière, du moins dans sa partie populeuse et active. Ce plateau, légèrement creusé, contenait les quatre villes principales : San-José, Cartago, Alajuela et Hérédia, et quarante villages. Une ramification des Cordillères séparait au midi la république d'immenses régions qui font partie de son domaine, mais ne sont habitées que par des tribus indiennes. Et cette mer lointaine, où le guide m'indiquait Punta-Arénas, c'était l'océan Pacifique. »

(*A travers l'Amérique centrale*, I, 377.)

s'était vite répandu que « le ministre de France » arrivait. Le journal officiel avait annoncé cet événement de manière à lui donner une grande importance. Partout où je passais, j'étais l'objet des plus grands témoignages de respect et de sympathie. M'étant arrêté un moment sous un hangar, entre un moulin de cannes à sucre et la grande cuve où ce produit du pays acquiert sa forme et sa consistance noirâtre, une vieille femme m'envoya prier de venir me reposer chez elle et mit toute sa maison à ma disposition. La maison était pauvre : un banc de bois autour d'une muraille nue, et pour ornement une croix grossièrement sculptée. Mais la vieille femme était, disait-on, la sœur d'un ancien président, et son accueil me donna un avant-goût de celui qui m'était réservé à Alajuela.

Alajuela est la première des trois ou quatre villes qui entourent San-José, à 5 ou 6 lieues de distance les unes des autres. Je n'avais pas la moindre idée de ce que pouvait être une ville du Centre-Amérique, et j'étais très curieux d'y arriver. Les haciendas et les maisons de cultivateurs que j'avais rencontrées en chemin, et qui devenaient plus nombreuses à mesure que j'avançais, m'avaient paru beaucoup plus confortables à l'intérieur que ne le sont ordinairement nos chaumières de paysans. Je m'attendais donc à une certaine apparence de construction, sinon au luxe de nos villes d'Europe. Je ne fus tiré de mon erreur qu'en me trouvant au milieu même d'Alajuela, et en apercevant au-dessus des toits des maisons le drapeau costa-ricien mêlé à quelques drapeaux français. Les rues droites que je venais de traverser ressemblaient à celles d'un camp de baraques blanchies à la chaux. Seulement les maisons, sans étages, étaient bâties en terre au lieu de l'être en bois, et leurs larges portes, auxquelles on arrivait par un escalier de deux ou trois marches, étaient garnies d'une population bariolée qui s'était mise en frais pour recevoir « le représentant de la France ».

Je mis pied à terre devant l'unique hôtel de la ville et j'entrai avec mes deux officiers dans le salon modeste de l'établissement. Aussitôt on m'annonça le gouverneur, et je vis entrer un de nos maires de petite ville en habit noir. Ce digne fonctionnaire s'excusa de n'être pas venu au-devant de moi, parce que j'étais arrivé trop vite, et il m'exprima, en termes vraiment touchants, toute la sympathie et toute la reconnaissance que j'avais inspirées aux Costa-Riciens et toute la bienvenue qu'ils me souhaitaient par son entremise. C'était par son initiative que la ville s'était pavoisée pour me recevoir. Je vis arriver après lui les autorités civiles et militaires. Le général était en habit noir comme les autres, et sa bonne figure ronde n'avait rien du soldat.

(Je sus plus tard que ces généraux attachés aux provinces ne sont que des généraux de milice, sans solde comme sans service actif, négociants pour la plupart comme leurs concitoyens, et ne ressemblant en rien à nos commandants de subdivisions ou de divisions militaires. J'ai su de plus que les généraux, des vétérans eux-mêmes, ne portaient pas d'uniforme et que, si la République compte assez sur le patriotisme de ses enfants pour en faire, du jour au lendemain, dans un intérêt de salut public, des soldats et des généraux, elle est trop pauvre pour les habiller, et elle n'exige d'eux que du dévouement. Les deux officiers supérieurs qu'on m'avait envoyés étaient sans contredit les mieux costumés de toute l'armée costa-ricienne.)

Après cette réception qui dura plus d'une heure, et après le dîner où le gouverneur porta un toast à mon heureuse arrivée, je voulus voir de près les cultures des environs.

. . . .

San-José.

10 avril. — *A San-José.* — Le tourbillon dans lequel je vis depuis mon arrivée ici ne m'a pas permis de continuer ces mémoires. Je les reprends aujourd'hui, 10 avril, après l'expédition de mon courrier.

La réception extraordinaire qu'on m'a faite à Alajuela m'a épouvanté. Aussi, le lendemain, à six heures du matin, j'ai fait partir un courrier pour San-José avec la lettre suivante pour le président.

(Un seul extrait de cette lettre mérite l'attention. Le voici :)

« A cette occasion, je dois déclarer à Votre Excellence que je n'ai aujourd'hui aucun titre officiel et que par conséquent je n'ai droit à aucun témoignage public. Ma mission est toute spéciale, et c'est comme simple particulier que je réclame la faveur de lui présenter mes hommages. »

Cette lettre expédiée, je me suis senti plus tranquille : ma position n'avait désormais rien de louche. Je ne voulais tromper personne et je ne voulais pas que mon silence même pût être mal interprété.

— Je suis parti le 29, au matin, pour San-José, avec mon escorte, composée de toutes les personnes marquantes du pays. Le gouverneur s'est tenu constamment à mon côté et n'a pas cessé, pendant toute la route, de me dire les choses les plus affectueuses. Arrivé à un certain point, où la route se bifurquait, il me demanda la permission de retourner à Alajuela avec les autorités de la ville, à l'exception du député au Congrès qui se faisait un honneur de m'accompagner jusqu'à San-José, ainsi que les deux officiers supérieurs chargés de cette mission par le président. Il y eut là un échange touchant de félicitations et de vœux, après quoi je me remis en route.

Il faisait un temps merveilleux, qui est le temps normal de la république de Costa-Rica, oscillant, à l'ombre, entre 18° et 22°, selon l'heure de la journée, et ne poussant jusqu'à 26" que par exception et pour donner une mesure extrême de sa puissance tropicale. Nos chevaux n'avaient pas les allures coquettes des chevaux de parade, mais ils ne manquaient ni de feu, ni de sang, et nous marchions rondement. On me montra tout à coup, à ma droite, une belle propriété plantée de café et une maison carrée, à un étage, avec une galerie supérieure tout autour qui ne manquait ni d'élégance ni de caractère. C'était là que demeurait le plus riche particulier de Costa-Rica, M. Vicente Aguilar, ancien vice-président, à qui la voix publique attribuait 10 millions de fortune territoriale. M. Aguilar était l'un des hommes que je devais voir ; je trouvai l'occasion charmante et je mis pied à terre à l'ombre de la galerie ; j'allais donc connaître l'intérieur d'une grande maison de la république, et prendre sur le fait cette existence centre-américaine dont je n'avais aucune idée. M. Vicente Aguilar était chez lui. Le bruit des chevaux l'attira. Il savait mon arrivée par les journaux. Il devina, à l'escorte officielle, qui j'étais, et s'empressa de me faire monter dans l'appartement d'en haut par un escalier extérieur fait en bois comme la galerie. Cet appartement était composé d'un grand salon carré sur lequel s'ouvraient plusieurs chambres. Toutes les portes de ces chambres se refermèrent à mon entrée. Premier indice. Les femmes et les enfants ne jouent aucun rôle dans la société centre-américaine ; la présence d'un étranger les fait fuir. Le maître de la maison me fit donc seul les honneurs de son hospitalité. C'était un homme très simple, très modeste et un peu timide. Second indice. Il se montrait presque confus de l'honneur que je lui faisais de m'arrêter chez lui en passant. Il épuisa les formules de remerciement et m'offrit pour rafraîchissement du Xérès et de l'eau. L'ameublement du salon était des plus simples : une table ronde au milieu et quelques fauteuils anglais renversés. Mais les portes et les fenêtres, largement ouvertes sur la galerie, laissaient arriver librement l'air balsamique de la plantation.

Je me levai au bout de quelques minutes. M. Aguilar m'aida lui-même à remonter à cheval et m'assura qu'il viendrait, le lendemain, me voir à San-José.

Au moment où j'allais franchir la barrière de son enclos, un cavalier couvert d'un poncho blanc à franges et d'un large chapeau de paille se présentait pour entrer. Je le reconnus tout de suite, car je l'attendais et j'allais lui demander à déjeuner avant d'entrer à San-José. M. de Vars était le seul Français de Costa-Rica que j'eusse connu à Paris. Je le savais bien placé, riche, grand producteur de café et parfaitement hospitalier. J'avais d'ailleurs besoin d'un homme assez au courant des affaires du pays pour que ses renseignements me servissent de guide. M. de Vars avait instinctivement compris cette situation; il venait m'offrir ses services, ses indications et son concours. Nous nous remîmes en route non pour San José, mais pour *las Animas*, son hacienda, où se trouvait toute sa famille. Il m'annonça d'abord que j'étais attendu avec une grande impatience, que je serais reçu comme un libérateur et que tout ce que je demanderais me serait accordé.

« M. Belly demanderait la moitié du territoire de la république, avait dit le président à M. de Vars, que je la lui donnerais. »

Sur ce point donc, il y avait sécurité. M. de Vars savait mes projets depuis Paris et il en avait été séduit. Je lui parlai de la lettre que j'avais envoyée le matin au président et je lui exprimai la crainte que M. Mora ne choisît pour interprète un homme qui n'avait pas vu l'Europe, et qui par conséquent ne pouvait comprendre qu'à demi le grandiose de mes combinaisons et l'ensemble des moyens de publicité et de puissance morale sur lesquels je comptais. Nous passâmes alors en revue tous les hommes qui entouraient ou qui approchaient le président. Aucun d'eux ne me parut dans les conditions voulues pour cette mission délicate. Ceux qui savaient assez le français pour traduire littéralement mes paroles étaient des employés subalternes sans autorité comme sans connaissances. Il y avait bien quelques exceptions intelligentes, mais elles se trouvaient écartées du pouvoir par les disgrâces de la politique. J'étais d'ailleurs intimement convaincu qu'aucune intelligence autorisée ne pouvait suppléer à l'expérience politique de la civilisation européenne et des ressorts qui la font agir. J'en vins à conclure que M. de

Vars seul pouvait me servir d'intermédiaire auprès du président, et il fut convenu qu'il se présenterait avant moi chez
M. Mora pour l'amener à cette solution et convenir des détails
de la première entrevue.

Nous courions alors, par un soleil assez chaud, sur un
chemin sablonneux, large de 5 à 6 mètres, que bordaient de
chaque côté de jolies haciendas un peu écartées ou de simples
maisons blanches, pleines d'enfants et de femmes. Les enfants
étaient presque nus ; les femmes n'avaient d'autre costume
qu'une chemisette largement ouverte et une jupe de couleur
claire. Sur la route, de petites caravanes à cheval allaient,
d'un trot égal, au marché d'Alajuela, qui se tient le lundi de
chaque semaine. Des chariots traînés par des bœufs portaient
des sacs de riz, de cacao ou de café ; ces chariots étaient
très petits, de la forme la plus primitive et montés sur deux
roues d'une seule pièce. (C'était l'unique véhicule roulant que
je devais rencontrer dans l'Amérique centrale, à l'exception
de quelques voitures particulières et de deux ou trois dili-
gences.) Mais les conducteurs de ces modestes équipages,
comme les cavaliers qui laissaient après eux une poussière
noirâtre, ne ressemblaient en rien aux paysans de nos campagnes. Uniformément vêtus d'un pantalon blanc, d'une
chemise et d'un chapeau de paille, les pieds nus sur leurs
étriers ou chaussés seulement d'une paire d'éperons rouillés,
ils donnaient tous l'idée d'une race libre, polie, sans obsé-
quiosité et largement à son aise. Pas un seul de ces campa-
gnards ne marchait à pied. Tous saluaient l'étranger avec
une simplicité digne. De pauvres, de mendiants, de ces
déshérités si communs sur nos chemins d'Europe, il n'y
avait aucune trace.

. . . .

Deux heures plus tard, j'étais installé, à l'hôtel de San-José,
le meilleur de la ville, dans une grande chambre dont la
fenêtre donnait sur une cour intérieure dont on avait fait un
petit jardin. Cette chambre, assez gaie et tendue de papier à
fleurs, avait pour plafond des bandes de toile transparente

clouées sur des lattes, et pour mobilier un lit de sangles, en fer, deux tables et quelques chaises.

Si le premier aspect d'Alajuela m'avait frappé par son étrangeté, la physionomie de San-José devait plus encore renverser tous mes suppositions.

Une rue à San-José.

Nous ne pouvons nous imaginer en France une capitale sans mouvement, sans une population active, sans un ensemble de maisons vivantes, bâties en pierres ou en briques, sans le bruit des voitures sur le pavé, ou des mille voix de la rue; et quoique j'eusse déjà éprouvé quelques désillusious en fait de cités comme en fait d'autres localités inscrites sur les cartes, je me promettais toujours pour San-José une espèce de revanche. On m'avait tant répété que c'était une ville de vingt mille âmes, riche, prospère, munie de toutes les ressources de la civilisation, que je m'en étais fait d'avance un tableau de fantaisie tout à fait satisfaisant. Qu'on juge dès lors de ma déception, en retrouvant à San-José les toits rouges, les maisons basses et toute la physionomie d'Alajuela. Il était à peu près midi. Les rues étaient désertes. Seulement, arrivés près d'une longue place carrée, plusieurs maisons se succédèrent, qui tranchaient par leur construction et par leur mouvement sur le reste de la ville. La première était une église assez simple qu'on appelait *la Merced*. Mais après elle, on remarquait un édifice à un étage d'une architecture presque italienne, que surmontait un drapeau tricolore. Plusieurs groupes étaient arrêtés devant cet édifice ; ces groupes s'effacèrent pour nous laisser passer et un factionnaire placé sous la porte d'entrée nous présenta les armes ; nous étions devant le palais national, le siège du gouvernement et du congrès de Costa-Rica, le seul véritable monument de San-José, et l'une des œuvres les plus remarquables de l'administration de M. Mora.

A peine étais-je installé dans ma chambre que je reçus une nouvelle lettre. Le ministre des affaires étrangères, M. Toledo, se disait chargé par le président de venir me faire une première visite ; puis, il me désignait, pour le lendemain, à une heure, ma première entrevue avec M. Mora.

. . . .

J'arrive au palais, on me présente les armes. J'entre sous un large portail sous lequel s'ouvraient, au rez-de-chaussée, les bureaux de l'administration ; j'arrive devant une enceinte carrée pavée de béton, autour de laquelle régnait une double galerie inférieure et supérieure. Au fond de cette cour élégante, moitié arabe, moitié italienne, vis-à-vis l'entrée de la rue, un escalier circulaire montait à une porte sculptée, à deux battants : c'était l'entrée d'honneur de la salle du Congrès qui occupait tout le côté du palais, exactement comme à Paris les salons du ministre de l'instruction publique.

Sur le seuil même de la cour, deux larges escaliers en bois, de forme monumentale, conduisaient à la galerie supé-

rieure, sur laquelle s'ouvraient tous les ministères, toutes les
administrations, y compris la cour suprême de justice et le
tribunal de 1re instance. Le chef du gouvernement avait ainsi
sous la main tous les rouages nécessaires à son action. Ses
trois ministres venaient tour à tour conférer avec lui selon
les nécessités du service. Quant à lui, il occupait, au milieu
même de la galerie, la pièce principale du palais, celle qui

San-José, palais du gouvernement.

donnait sur la porte d'entrée de la rue, et qui seule avait une
fenêtre cintrée, à balcon.

Je fus donc conduit vers cette pièce. La porte s'ouvrit à
deux battants. J'aperçus une table ovale dont le tapis vert
était bordé de fleurs brodées en soie jaune; autour de cette
table, de larges et moelleux fauteuils de palissandre garnis
de velours grenat, et derrière la table une figure souriante,
très jeune encore, encadrée d'un collier noir, qui venait à
moi les mains tendues. M. Mora paraissait à peine avoir
35 ans, tant ses cheveux noirs étaient lisses et son regard
était doux. Il était d'une petite taille, avait la figure pleine

et très agréable, l'air très doux et surtout très timide. Il portait un habit noir, un gilet de soie noire et un pantalon noir, ce qui était, du reste, son costume ordinaire.

Après les premières salutations, qui furent très affectueuses, M. Mora m'indiqua un fauteuil auprès de la table verte, et il reprit lui-même le fauteuil présidentiel qu'il occupait contre le mur. Je m'aperçus alors que ce fauteuil était surmonté d'un baldaquin de soie brochée, à glands d'or, dont la partie supérieure représentait le dais d'un trône. C'était sous ce dais que M. Mora travaillait toute la journée et qu'il donnait ses ordres, plus obéis dans toute la république que ceux de bien des souverains.

Cette pièce, si solennellement décorée, n'était pas cependant la salle du trône. C'était un simple salon carré, sans glaces, sans colonnes, ayant pour tout ornement un beau tapis à fleurs, pour tentures de grands panneaux de bois vernis, d'une belle nuance jaune, et pour meubles une console de palissandre surmontée du portrait à l'huile de Pie IX, et plusieurs fauteuils de palissandre sculpté à garniture de velours grenat [1].

. . . .

2 avril. — Dès le premier moment, il avait été décidé que M. Toledo m'accompagnerait au Nicaragua (pour soumettre au président de cette république le traité préparé à San-José). Dès le quatrième jour, M. Mora était gagné à l'idée de partir lui-même.

Le samedi-saint, tout fut convenu pour cela, et le dimanche de Pâques, à midi, un courrier extraordinaire partait pour Managua avec des lettres pour le président, M. Martinez.

1er et 2 avril. — Semaine sainte; processions, jeudi et vendredi. Le jeudi, le Christ est enchaîné, entre saint Pierre et la sainte Vierge. Le vendredi, il est mis dans une châsse couverte de fleurs et de dentelles : c'est son tombeau. Le dimanche

[1] Nous supprimons tout ce qui se rapporte aux négociations, puis à la rédaction et à la signature du traité de concession. Voir *A travers l'Amérique centrale*, I, 149-166.

matin, on pend Judas sur la place et on brûle son mannequin [1].

Tout le monde suit les processions, les ministres, en habit noir, la population sur deux rangs, toutes les dames en *rebozzo*, les femmes du peuple pieds nus, mais charmantes de tournure avec leurs robes blanches ou claires, quelquefois en mousseline, et leurs jupons brodés.

5 avril. — Le lundi de Pâques, à Cartago. Magnifique vallée, air plus vif, sur le contrefort du volcan l'Irazu, du haut duquel on voit les deux mers et qui sert, comme l'Orosi, de point de repère aux navires qui vont à Greytown.

— Toujours le passage des flibustiers. La Grand'place n'est guère qu'une ruine.

Mme Théodora. Un jeune médecin. Un dîner français. De la crème dans un verre après dîner, mais crème délicieuse, tirée après que le veau a repris le pis de sa mère. Il n'y a pas en France de la crème aussi épaisse, aussi savoureuse et aussi parfumée.

— *Agua Caliente*. Des volcans partout, des tremblements de terre, des montagnes de sel, des mines de soufre, une montagne *d'huîtres de mer*, d'où est tirée la meilleure chaux du pays. Traces de la dernière explosion du volcan. Beaucoup de ruines.

Couché dans un délicieux lit anglais en cuivre avec garniture en mousseline.

Le lendemain, quand je revins à San-José, la ville était au milieu des préparatifs d'un bal qui devait m'être donné le lendemain, ce que seul j'ignorais [2].

7 avril. — Le mercredi. Bal au Palais national. Une commission vint me chercher à huit heures et demie. Tout le monde était arrivé. Les honneurs militaires. Le palais illuminé au dedans et au dehors, jusque sur les marches du

---

[1] M. Th.-F. Meagher a publié une gravure de cette scène.

[2] M. Thomas Francis Meagher a publié la traduction en anglais de l'invitation en espagnol imprimée « en l'honneur du señor Belly » avec une gravure intitulée : *M. Belly au bal,* qui le représente au moment où il est présenté à Mme Mora.

grand escalier. Joli coup d'œil que cette cour carrée, entourée sur trois côtés d'une double galerie... Du reste, tout le palais est charmant d'architecture et d'appropriation.

Et dire qu'il avait été décidé qu'on y mettrait le feu si les flibustiers venaient à San-José. L'héroïsme simple est partout.

11 avril. — Le dimanche suivant, nouveau bal. Anniversaire de la bataille de Rivas où les Costa-Riciens ont perdu 600 personnes, l'élite de leur jeunesse, la fleur de ceux qui avaient répondu, au nombre de 3,000, au coup de canon tiré sur la place de San-José. Toasts enthousiastes !

— Visite dans la campagne. Magnifique. Autour des maisons, partout, un bien-être qui croît d'heure en heure. Des villages tirés au cordeau, de grandes allées vertes à perte de vue, bordées de palmiers, de cactus, de tamariniers, quelquefois de buissons de roses, et derrière, des plantations de café, de cannes à sucre et de bananiers. C'est un ravissement perpétuel que de parcourir ces belles allées.

. . . .

La négociation allant bien, le président Mora se décide à partir, et les ordres sont donnés pour que ses aides de camp l'accompagnent.

. . . .

Le costume des femmes se compose uniformément d'une jupe et d'une chemise décolletée et très ouverte, exactement comme la première toilette d'une Européenne qui se lève. Les Costa-Riciennes ont donc toujours nus, chez elles, les bras, les épaules et la plus grande partie de la gorge. L'usage du corset leur est inconnu. Quelques dames seules en portent, mais celles-là s'habillent à l'européenne, le chapeau excepté, qui se remplace par un châle, à la place du rebozzo. De plus, comme toutes les femmes, et quelquefois aussi les dames, se tiennent le soir, après la grande chaleur, sur le pas de leur porte, assises sur la plus haute marche de leur escalier, toutes les richesses du corsage sont facilement visibles pour ceux qui passent, et les Costa-Riciennes ne sont nullement fâchées qu'on les regarde avec une attention qui témoigne de leur beauté.

Place de Cartago.

Cette beauté est très réelle, et le costume y ajoute un attrait extrêmement vif. Elles ont une coquetterie particulière qui résulte même de ce costume. Comme elles ne sortent qu'enveloppées de leur rebozzo, qui leur sert à la fois de coiffure, de corsage et de mantille, si elles rencontrent un homme qui leur plaît, elles entr'ouvrent le rebozzo, sous prétexte de l'arranger, et elles laissent entrevoir ainsi toute la splendeur de leur gorge. C'est une apparition qui produit toujours son effet.

Cependant les mœurs sont très pures dans la ville. Toutes les femmes s'occupent exclusivement de leur intérieur et l'on ne cite pas une seule femme dont la conduite soit répréhensible. Une femme mariée ne se croit presque plus le droit d'aller au bal.

Il est vrai qu'il n'en est pas toujours de même à la campagne. Mais les femmes sont si belles et les costumes si attrayants!

Le revers de la médaille, c'est que les femmes ne savent rien. J'ai vu des filles de Français ne pas savoir un mot de la langue de leur père. On ne peut leur arracher une parole de conversation, et elles s'enfuient quand paraît un étranger.

J'ai trouvé tous les hommes importants très timides, particulièrement la famille Mora. Nos sous-chefs de bureau ont plus d'aplomb et plus de morgue que M. Calvo, qui est ministre de l'intérieur depuis trente ans et qui représente la tradition vivante du pays. Lui et un autre ministre, M. Corazzo, n'ont voulu laisser à personne le soin de me donner des notes écrites sur toutes les questions qui m'intéressaient. Il en a été de même de tous les autres.

La timidité paraît être une qualité ou, si l'on veut, une disposition d'esprit national. C'est le seul peuple qui se sente à l'état d'infériorité et qui craigne la comparaison avec les nations européennes. Mais ce peuple, si humble dans ses relations, devient un lion quand on touche à ses droits et qu'on insulte à son drapeau.

Au Nicaragua, au contraire, on se croit naïvement supérieur au reste du monde, et on signe des traités humiliants, on éternise la guerre civile et on ne sait défendre ni le territoire, ni les intérêts, ni l'honneur national.

Quand j'ai quitté San-José, tout le monde m'a dit ceci : « Vous n'avez pas été ici très heureux. Mais ce que vous allez voir vous fera regretter Costa-Rica. Vous ne trouverez nulle part dans le centre-Amérique l'ordre, la politesse, la sécurité, la bienveillance et les ressources de toute nature que nous possédons. Si nous sommes des sauvages à l'égard des nations européennes, nous sommes des raffinés à l'égard du Nicaragua. Vous regretterez nos hôtels, notre cuisine provisoire si mal faite, notre service, nos arts et notre organisation. »

Tout le monde est si à son aise qu'on ne trouve pas de domestiques. C'est la plainte de toutes les familles aisées, de ne pouvoir obtenir ni cuisinière, ni ouvrière, quelque prix qu'on y mette. A la moindre observation faite de la manière la plus polie, une cuisinière répond :

« Je m'en vais. »

Et elle s'en va.

Il est de règle d'ailleurs chez elles qu'elles ne doivent pas rester plus de trois mois dans une maison. De sorte que, quand elle est à peu près formée par une maîtresse de famille, elle va porter ailleurs ses talents.

Rien n'accuse plus le bien-être général que cette absence à peu près absolue de bras et de domestiques, malgré le haut prix de toutes les journées. Pour parler le langage économique, il y a beaucoup de demandes et peu d'offres.

Cependant Costa-Rica est, sans contredit, au point de vue financier, l'État le mieux organisé de toute l'Amérique latine. Il est le seul État de l'Amérique centrale qui ait payé, à l'heure de l'échéance, sa part de la dette commune. Ses ressources résultent du monopole du tabac, de celui de l'alcool et des douanes de Punta-Arénas et du Sarapiqui.

L'honnêteté est si générale que, pour le transport des cafés à Punta-Arénas, les expéditeurs prennent les premiers venus qui se présentent, sans leur demander leur nom, sans savoir d'où ils viennent ; ils leur confient le chargement, les payent souvent d'avance, et il n'est jamais arrivé qu'il se soit perdu un grain de café.

Tous les Costa-Riciens sont bons, mais le président Mora est le meilleur du Costa-Rica. J'ai vu des femmes pleurer en racontant ses actes de bonté vis-à-vis d'hommes qui l'avaient attaqué de la manière la plus violente. Cette bonté touchante lui fait un caractère à part, sans équivalent sur aucun trône. Aussi est-il adoré par tous ceux qui n'ont pas des griefs personnels contre tout gouvernement. On l'appelle dans l'intimité don Juanito, ou simplement Juanito.

Sa femme, qui fait faire des robes de soie brochée à chaque bal et qui rivaliserait avec nos élégantes, est chez elle aussi bonne que lui. Elle n'a jamais voulu partager les honneurs qui lui étaient rendus comme chef de l'État et elle s'assiérait volontiers sur le pas de sa porte, comme toutes les autres, si sa maison n'avait pas un étage supérieur où elle se tient d'ordinaire... Elle se nomme Inès et tous les voisins et amis l'appellent Inésita. Sa figure est la grâce et la bonté mêmes [1].

— Les cultures du pays ne ressemblent en rien à celles d'Europe. Avec elles, le sol n'est jamais dénudé, si ce n'est dans les prairies, qu'on appelle là-bas des savanes, et dont la principale, placée aux portes de la ville et coupée à angles droits par une large promenade plantée d'arbres en forme de croix, est aussi grande que notre Champ-de-Mars [2] et sert de rendez-vous à toute la république aux fêtes de novembre.

De toutes ces cultures, la plus agréable et la plus charmante est celle du café. Rien de merveilleux comme cet arbuste en fleurs sur des étendues immenses. On l'espace de

---

[1] L'auteur a raconté avec l'émotion d'une grande estime l'histoire du président Mora, son administration sage pendant dix ans, son héroïsme éclairé dans « la guerre sainte » contre Walker, son exil après un guet-apens nocturne (14 août 1859), sa mort cruelle enfin, fusillé par ses enne-mis politiques, après sa rentrée au pays à main armée contre les usurpa-teurs (30 septembre 1860). Voir *A travers l'Amérique centrale*, t. I, chap. V et VI.

[2] Dont elle porte le nom. (Th.-Fr. Meagher.)

neuf pieds dans tous les sens. Il donne une fleur blanche comme le jasmin, et tellement serrée sur son feuillage vert, qu'un seul arbuste donne quelquefois vingt livres de café. Aussi le rendement est-il au moins de 18 p. c. et deux récoltes payent la valeur de la propriété. Le pays doit une extrême reconnaissance à M. Mora, pour avoir généralisé cette culture.

A chaque pas qu'on fait dans la ville ou dans la campagne, on rencontre un nom historique : c'est le général Salazar, qui a été président du Guatemala et de San-Salvador; c'est M. Costo, c'est M. Aguilar, ce sont les fils de M. Pinto, qui a fait fusiller Morazan, c'est le général Melo, le réfugié de la Nouvelle-Grenade. Les révolutions ont été si fréquentes et le pouvoir a passé par tant de mains, qu'il n'y a presque pas une famille un peu à son aise qui ne compte des ministres ou des présidents dans son sein.

Les Français établis à San-José n'ont supporté aucune des charges de la guerre. Au début, ils s'étaient réunis chez l'un d'eux et avaient ouvert une souscription de 100,000 francs à peu près. Le gouvernement ne leur a pas demandé l'argent de cette souscription. Plus tard, les besoins devinrent plus urgents; le gouvernement usa de son droit rigoureux en frappant tout le commerce d'un impôt extraordinaire de six réaux par sac de café exporté, au lieu des deux réaux ordinaires. Les commerçants, parmi lesquels se trouvaient nos Français, offrirent de se racheter de cette charge par un prêt. Le gouvernement accepta le prêt à 2 p. c. par mois. On voit que le commerce costa-ricien faisait payer ses services. A ces conditions, l'impôt ordinaire de deux réaux fut rétabli. Encore cet impôt a-t-il pour destination expresse l'entretien de la route de Punta-Arénas, qui sert au transport des sacs de café, et il n'en a jamais été distrait un *medio* pour un autre usage. Y a-t-il beaucoup de gouvernements qui se montrent aussi accommodants?

Or, pendant que ceci se passait à Costa-Rica, où il s'agissait pourtant du salut commun, Walker faisait jeter en prison les Français du Nicaragua qui ne lui livraient pas toute leur fortune, et allait jusqu'à les faire assassiner par ses bandits après les avoir dépouillés.

Le courage est tellement naturel aux Costa-Riciens, que tous ceux (150 environ) qui ont été fusillés sous Caribo, jeunes gens ou vieillards, pour avoir trempé dans quelque complot contre lui, sont morts le sourire sur les lèvres. Plus tard, quand Morazan, à son tour, a été envoyé à la mort par Pinto, il s'est rendu sur la place la cigarette à la bouche, et personne n'aurait cru que c'était lui qu'on allait fusiller.

La séance du Congrès où la guerre fut déclarée a été magnifique d'entrain. La salle était encombrée par la foule des Costa-Riciens. On n'a pas discuté s'il fallait se battre, il n'a été question que des moyens qu'on emploierait pour avoir l'argent nécessaire. A la fin, un membre offrit de donner au gouvernement un secours considérable. Un autre membre en fit autant. Dans l'assemblée qui entourait le Congrès, plusieurs personnes se lèvent, l'élan devient général; le noyau de la guerre était trouvé. Pour la généraliser, on donna la dictature à M. Mora, et le lendemain, un coup de canon annonçait à la république entière que le pays réclamait le dévouement de ses enfants. Le lendemain, il y avait 3,000 hommes sur le Champ-de-Mars. Ils avaient quitté leur famille et leurs travaux les plus impérieux pour répondre à l'appel du gouvernement et ils ne demandaient que des fusils pour marcher. Dans ces 3,000 hommes, il y avait l'élite de la jeunesse costa-ricienne et les plus grands noms de la république.

— Le plus singulier de cette organisation, c'est que tout le monde est négociant ou producteur de café, et souvent l'un et l'autre à la fois. Les généraux, les ministres, les consuls, les médecins, les avocats, les juges même ont un comptoir et des magasins où ils vendent eux-mêmes tous les produits de l'industrie européenne ; c'est dans un magasin où j'achetais un parapluie que j'ai vu pour la première fois M. Castro, le président décoré par Napoléon III. C'est le général Salusy qui m'a vendu le panama que j'ai porté depuis au Nicaragua. Le président lui-même a longtemps fait du commerce en même temps que du café. J'ai souvent visité un ancien ministre au milieu de ses vases de porcelaine entassés sur le parquet. Celui qui n'est que ministre ou général n'est rien, parce que sa position ne lui donne pas de fortune, tandis que le commerce en donne à tout le monde.

Les fortunes de 50,000 à 500,000 piastres sont très communes, même dans les campagnes, ce qui n'empêche pas leurs possesseurs de marcher pieds nus. Le plus pauvre possède une maison, un cheval et au moins un capital de 1,000 piastres.

Dans d'autres républiques, comme au Pérou, au Chili, etc., il y a un plus grand nombre d'hommes instruits et supérieurs, mais il n'y a nulle part en Amérique une population en général plus sage, plus laborieuse, plus loyale, plus honnête et plus digne d'intérêt. Il y a plus de sécurité dans toute cette république, sans gendarmes et sans autorités, qu'il n'y en a à Paris sous la protection d'une formidable police. De mémoire d'homme, on n'a entendu parler à Costa-Rica d'une tentative d'assassinat ou de quelque crime grave de cette espèce. San-José est gardé par 30 soldats qui, la nuit, se tiennent aux angles de chaque rue comme nos policemen et qui sont remplacés le lendemain par d'autres soldats.

Ils reçoivent deux réaux pour ce service, le seul qu'on fasse dans la république, à l'exception des gardes d'honneur du président, du général et du Congrès.

IV

Au Nicaragua. — La ville. — Le lac.

21 avril 1858. — Nous sommes arrivés le 19, à midi, à Punta-Arénas.

Descente de l'*Advocate*. Rivières traversées. La chaleur devient plus intense. Enfin, nous arrivons à une scierie mécanique entourée de quelques bâtiments. Chemin de fer primitif, pas de gare, pas de débarcadère. Deux rails posés sur des coussinets et sur des traverses ; les traverses sont des troncs d'arbres sans travail. Un pont croulant, planches jetées l'une sur l'autre sans cohésion. Deux ou trois voitures simplement couvertes d'un toit en bois verni. Des bancs de bois.

A travers la forêt, ligne droite. Rareté extraordinaire, impression très vive. Arrivée sur le sable. Plusieurs stations. On tire des coups de fusil, des drapeaux partout.

A Esparza, le président avait été reçu en souverain avec vingt et un coups de canon tirés sur les places et barrages [1]. Les maisons pavoisées et presque partout des drapeaux français.

A Punta-Arénas. Air de fête. Mouchoirs au bout de perches. Le chemin traverse toute la ville. Tous les habitants en habits de gala, chemise propre et pantalon blanc. Pétards, vivats, émotion extraordinaire.

Logé dans une maison particulière mise à sa disposition. Un factionnaire, pieds nus comme à San-José, est posté en

[1] L'auteur a raconté (t, II, p. 158) la réception de souverain faite, sur sa demande, à M. Mora et à sa suite par les frégates françaises en rade à Punta-Arénas.

dehors de la galerie. Cuisine excellente. Huîtres particulières,

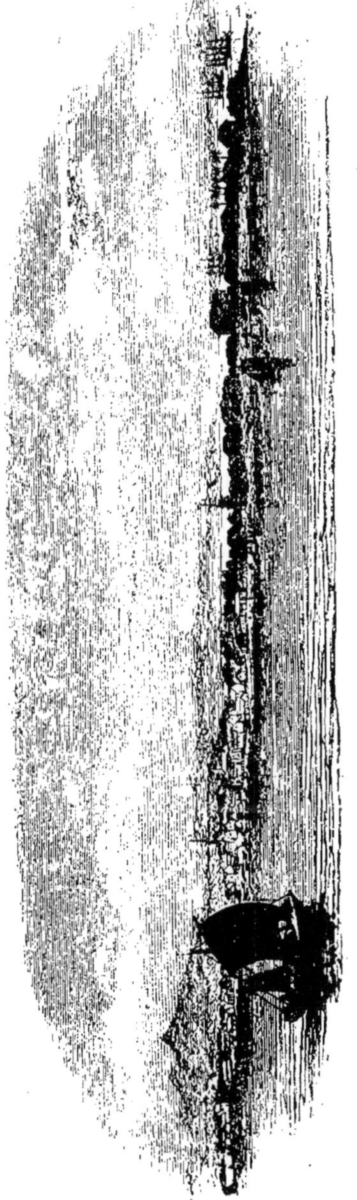

Vue de Punta-Arénas.

très abondantes, qu'on mange cuites ou crues. Vins du Rhin en abondance.

Température : 28 à 32 degrés. On s'y habitue ; personne ne s'en plaint, si ce n'est les nouveaux venus.

Le président toujours très affectueux.

Don Juanito. Soirée vis-à-vis du golfe intérieur. Personne sur le chemin de fer. Deux chanteuses, une guitare. Tout le monde l'appelle don Juanito[1].

— Embarqué le 21, à dix heures, à bord du *Colombus* avec tous les aides de camp en grande tenue. Coups de canon tirés par le *Saint-Vincent de Paul* et les *Deux Eulalies*.

23 avril. — Passé toute la journée à San-Juan del Sûr (du Sud). Température très chaude, avec, heureusement, beaucoup de vent ; les maisons en étaient ébran-

[1] Voir *A travers l'Amérique centrale*, t. II, p. 159-160.

lées. A cinq heures, un dîner passable préparé par M. Green, qui, lui aussi, a souffert des flibustiers, quoiqu'ils mangeassent chez lui. Lustre, meubles brisés. Payement avec des bons. Des caisses d'eau-de-vie, payées avec des bouts de papier. 100,000 dollars pour 5 piastres.

Ils prenaient tout à ce prix, meubles, marchandises, chevaux, bestiaux. Quand ils ne prenaient pas en simples propriétaires. Pour ne pas se donner la peine d'aller chercher du bois à dix pas, ils décrochaient les fenêtres et les portes, puis prenaient simplement les cloisons et les menues planches pour le feu de leur cuisine.

·— A cinq heures, je sortis de la ville pour aller examiner le chemin de transit, ce grand passage de milliers d'émigrants, de New-York à San-Francisco. C'est d'abord un pont jeté sur une rivière au delà de laquelle la mer dépose ses sables, qui du reste, dans les gros temps, s'entassent de manière à faire des monticules. Puis il se dirige vers l'intérieur, à travers des vallées ascendantes, pour traverser une petite chaîne de 200 à 300 mètres de hauteur.

Nous étions arrivés à un second pont à moitié détruit, sous lequel deux jeunes mulâtresses se baignaient nues, quand un nuage de poussière nous annonça l'arrivée des mules qu'on était allé chercher à l'hacienda de M. Carazzo, le frère de l'ancien vice-président de San-José.

Nous partons. Le commandant m'avait prêté son cheval. Les préparatifs avaient été longs. Je me trouvai sur la route seul avec le général Jerès. Il faisait un beau clair de lune et un temps très doux. La route avait à peu près trois mètres de large; c'était un chemin vicinal bien entretenu, sauf les ponts, qui tous tombaient en ruine et dont le passage était très dangereux.

Le chemin traversait non plus des forêts vierges, mais des bois ordinaires, séchés par le soleil, malgré la vigoureuse végétation du sol. De temps en temps, une maison ou un hangar nous laissait entrevoir, à travers sa porte ouverte, des silhouettes de femmes accroupies devant un feu de cuisine. Voitures à deux roues sur la route. Grands hangars créés par la Compagnie pour le service.

Arrivés à la dernière pente, le général, qui n'avait pas encore parlé de guerre, me dit : « C'est là, devant ce pont, que le général Cañas a été attaqué par Walker en personne et qu'il a fait une retraite honorable jusqu'à Saint-Jean du Sud sans cesser de combattre. »

Et le général se mit à me raconter quelques épisodes de cette guerre nationale, dont les champs de bataille étaient partout et dont j'allais bientôt connaître les ruines.

— Six mois de sécheresse avaient tout brûlé. Après une heure et demie de marche, nous quittâmes la route pour prendre un petit sentier poudreux. Ce petit sentier était la grande route de Rivas.

Une demi-heure après, nous étions devant une hacienda placée au centre d'une vaste clairière découverte. Rien n'indiquait une exploitation quelconque, si ce n'est une centaine de bestiaux qui étaient enfermés dans un parc. J'arrivai devant une barrière. L'enceinte qui servait de cour à la maison principale était encombrée des chevaux de la suite présidentielle. Je descendis du mien, je montai un petit escalier étroit, serré contre le mur ; j'arrivai à la galerie supérieure et je trouvai, dans une chambre carrée, le président causant avec une demi-douzaine de personnes. La pièce était éclairée par une chandelle placée dans un vaste garde-brise [1], comme il y en a dans tout le Nicaragua. Deux hamacs étaient suspendus parallèlement au milieu et cinq ou six chaises constituaient, avec la table, tout son mobilier. M. Mora, comme toujours, se balançait dans un des hamacs ; M. Negrete, en sa qualité de malade, occupait l'autre. Mais je ne voyais nulle part le maître de la maison. Je sus plus tard qu'il était absent, et que le majordome avait tout fait. Il est vrai que le majordome ne s'était guère mis en frais ; les meubles exceptés, la maison ne contenait ni provisions, ni ressources d'aucune nature. On eut besoin de boire. On prit une espèce de courge creusée, on l'emplit d'eau trouble, et le vase passa à la

---

[1] Un grand cylindre de verre renflé au milieu et évasé aux deux extrémités.

ronde. Inutile de dire qu'il n'y avait de lit pour personne, pas même pour le président, ce qui paraissait du reste le préoccuper médiocrement. Quand il fut question de se coucher, le colonel Caños apporta un troisième hamac brodé et à franges, le tendit en diagonale entre les deux autres, et me dit encore qu'il m'était destiné. Je voulus refuser, le président insista. Je me trouvai donc installé, par la générosité du colonel, dans le plus beau lit disponible ; les deux autres échurent à je ne sais qui, mais je sus le lendemain que le président et son ministre, M. Toleda, avaient simplement couché par terre dans la même chambre et que toute la suite en avait fait autant le long de la galerie supérieure qui entourait la maison.

C'était la première fois que je dormais dans un hamac. J'en fus enchanté, et je crois que, dans les pays chauds, c'est à la fois le système le plus commode et le plus rationnel.

— A Rivas. Le lendemain matin, nous étions à cheval à six heures et demie et nous reprenions la route de Rivas, dont nous n'étions plus éloignés que de deux heures, je n'ose pas dire deux lieues. Nous traversions tantôt des bois un peu séchés, mais toujours couverts de fleurs parasites éclatantes, de singes sauteurs et d'innombrables oiseaux, parmi lesquels j'en ai remarqué un de la grosseur d'un pigeon, à aigrette écarlate, qui grimpait sur le tronc des arbres comme un chat; tantôt des espèces de vergers dont les arbres, de la hauteur de nos pommiers, jonchaient le sol de fruits inconnus, mais avec une libéralité inutile qui faisait peine à voir. J'avais déjà remarqué les oranges, les sapotes, les marognons ou pommes d'acajou, et d'autres espèces qui semblaient n'avoir aucune valeur et que personne ne daignait ramasser.

Arrivés à un carrefour de la forêt, près d'une source qui invitait à se débarrasser de la poussière du chemin, nous trouvâmes plusieurs chevaux sellés et une demi-douzaine de personnes qui semblaient attendre. C'était une escorte envoyée par le président Martinez, avec l'avis qu'il arrivait lui-même au-devant de son collègue. En effet, quelques minutes après, nous débouchions devant une large allée, au bout de laquelle se voyait une grande maison, entourée de chevaux. L'équipage se lança au galop. Plusieurs personnes sortirent de la maison, parmi lesquelles un homme de 45 ans, grand, froid, sérieux, les yeux couverts, vêtu d'un pantalon à carreaux et d'un habit de chasse vert à boutons de métal : c'était le général Martinez. Il s'avança posément au-devant de son collègue, lui pressa la main sans sourire et sans démonstration, l'aida à descendre de son cheval, lui présenta les personnes de sa suite et entra avec lui dans la maison, où il n'y avait pour tout mobilier que cinq chaises garnies de cuir. Aussitôt entrèrent après eux quelques personnes, parmi lesquelles je remarquai une grande figure franche et ouverte. C'était un des membres de cette illustre famille des Chamorro, qui a donné plusieurs chefs à la république et qui n'a jamais transigé avec les ennemis de son indépendance. Il avait pour voisin un ministre, M. Cortez, dont on me disait beaucoup de bien, quoique sa figure fût peu agréable, et un prêtre, curé de Rivas, dont le costume, composé d'un pantalon blanc, d'un justaucorps de lasting noir et d'une collerette noire de même étoffe, me surprit beaucoup.

On s'assit un instant. Je soutins un moment la conversation en échangeant, avec le président Martinez et avec les principaux de sa suite, quelques compliments de première entrevue. Mais elle ne tarda pas à tomber, pour se retenir à peine à quelques lieux communs...

Je savais déjà par une lettre de M. de Barruel que le traité Irizarri n'avait pas été ratifié. Je sus alors que M. Martinez était plus résolu que jamais à repousser tout engagement de ce genre, et qu'il était prêt au contraire à souscrire à tous ceux qui auraient pour objet l'indépendance et la régénération de son pays.

Je devais bientôt voir par moi-même quelles étaient les dispositions réelles du président Martinez. En remontant tous ensemble à cheval, nous allions faire une entrée triomphale dans Rivas. Je cherchais partout cette ville de Rivas, qui est restée la ruine la plus célèbre de la dernière guerre. Nous trouvâmes sur notre chemin une dizaine de maisons séparées par des monceaux de murs abattus, des débris entassés, des rues entières disparues. Des drapeaux blancs et bleus pavoisaient ces pauvres habitations ; un dra·peau tricolore brillait à l'angle d'une espèce de place où un pan de mur restait seul debout sur un monceau de décombres. J'étais au milieu de Rivas.

On s'arrêta devant une maison trouée de coups de canon ; une haie de soldats avaient l'arme au bras ; un clairon sonnait aux champs. Nous entrâmes ; c'était une vaste construction carrée, épaisse, dont les pièces donnaient sur une large gale⁻rie autour d'une cour intérieure. Les pièces étaient vastes, blanches et nues, carrelées en briques... Pour meubles, un immense hamac suspendu au milieu, un banc de bois noir à dossier dans un coin et quelques chaises de cuir noir, perdues dans cette immensité.

Nous entrâmes dans la première pièce. Chacun prit sa place contre le mur du fond, et la scène de la première entre-vue recommença.

Je me trouvais à côté de M. Mora.

« C'était ici mon quartier général pendant la guerre, me dit-il. Voyez ces trous, ce sont les œuvres de Walker. »

Le mur était littéralement criblé de trous de canonnade et de mousqueterie. Seulement, comme il avait plus d'un mètre d'épaisseur, le canon seul avait pu l'entamer. Au fond, à travers la porte ouverte, on apercevait un lit modeste, garni d'une moustiquaire : c'était le lit du président Mora pendant la guerre. Ces traces de guerre étaient partout ; je devais les retrouver même dans ma chambre à coucher.

On m'avait préparé cette chambre chez un notable de Rivas, don Ruiz de Bustamente. Quand je me levai pour prendre congé, le président Martinez se leva aussi pour m'accompagner, et quoiqu'il n'y eût que deux rues à tra-verser, nous remontâmes à cheval. Le général entra avec moi dans la maison de don Ruiz, suivi de son escorte. Nous mîmes pied à terre. Il resta quelques instants dans ma chambre, prit congé, me serra la main, toujours froid et sérieux, et remonta à cheval pour rentrer chez lui.

J'étais donc installé. J'examinai mon nouveau logement. Un grand lit à moustiquaire occupait un angle d'une vaste pièce sans plafond, dont une porte cochère donnait sur la rue et une autre sur la galerie qui, à Rivas et dans toute l'Amérique centrale, est la pièce la plus importante d'une maison.

Contre le mur, une grande table, couverte d'un tapis rouge, témoignait des gracieuses attentions de mon hôte. Deux chandelles, des fleurs, une couple de verres, une carafe et une assiette de fruits du pays. . . . .

—

2 mai. — La semaine qui a commencé lundi dernier 26 avril, et qui a pris fin hier, samedi 1er mai, comptera dans ma vie. Tout a été entendu, combiné, expédié dans ces six ou plutôt dans ces cinq jours, car vendredi soir, à minuit, mon courrier était prêt, et c'est hier que M. de Barruel l'a porté à San-Juan del Sûr.

Je reprends mes impressions au point où je les ai laissées le 23.

A peine arrivé, je m'étais mis sur le pas d'une porte pour examiner un peu les lieux [1]. Une rue se prolongeait jusqu'à la *plaza Major* de Rivas, dont j'apercevais une des façades dans la direction de l'est. Mais cette rue n'avait qu'un côté de maisons ; de l'autre côté, sur des monticules de terre couverts de broussailles, se dressait une espèce d'arc de triomphe ruiné, que la terre et la végétation envahissaient de toutes parts. C'était le portail, seul reste debout, d'une ancienne église que le tremblement de terre de 1844 avait renversée. Au delà de ce portail, la rue était dessinée par des tronçons de murs et des débris de charpente qui rappelaient le passage des flibustiers walkériens ; puis, au delà, à l'horizon, derrière une autre ruine d'église qui bornait la place Major à l'orient, se dressait une montagne isolée, conique, à large base et d'une figure régulière, dont le bleu sombre tranchait sur le bleu effacé du ciel. Je devinai aussitôt ce que c'était.

[1] Voir *A travers l'Amérique*, t. I, p. 175.

J'étais devant le fameux volcan éteint d'Ométépé, que je n'avais pu voir du Pacifique, à cause des nuages.

L'impression que je ressentis fut profonde. Le volcan semble commander en maître à tout ce paysage tropical, et il domine la ville de Rivas comme un phare. Je m'avançai dans la rue pour mieux le voir ; mais je découvris alors une autre montagne, moins haute et d'un cône moins irréprochable [1]. Ces montagnes sont les deux sœurs de l'île d'Ométépé, la reine du lac de Nicaragua [2] ; le lac n'était donc pas loin. Je fus pris aussitôt d'un irrésistible désir d'y courir, et après le dîner, je montai à cheval pour cette excursion, avec cinq ou six personnes qui voulurent bien m'accompagner.

Je passai devant les ruines de vingt maisons détruites à coups de canon, je traversai la place Major en diagonale, je rencontrai encore d'autres traces désolantes des malheurs du pays, et j'enfilai une espèce de chemin vicinal, poudreux, bordé de cactus vierges et d'une espèce d'aloès à feuilles épineuses, très serrées, très hautes et infranchissables aux bestiaux. Au delà de ces haies épaisses qu'on trouve autour de toutes les propriétés, la campagne laissait voir peu de terres de culture. Mais sa végétation était si riche par elle-même, qu'elle suffisait à tous les besoins de la vie et à tous les enchantements des yeux. D'énormes manguiers étendaient leurs souches rameuses sur des espaces immenses qui devenaient de délicieux abris. Ces manguiers comptaient leurs fruits par milliers et donnaient l'idée d'une production sans limites. D'autres arbres de ces régions, le sapotillier, le bananier, l'advocatier, le jicaro, l'oranger, le sacuanjoche, le cocotier, toutes les variétés du palmier, se montraient tour à tour, avec des bois rouges ou verts innombrables. De temps en temps, une maison ou une chaumière apparaissait derrière ce rideau d'arbres, en fleurs ou en fruits, et toujours verts malgré six mois de sécheresse ; et dans ces maisons,

---

[1] Le volcan Madeira.

[2] On sait que le projet de percement, qui allait être adopté, donnait une grande importance à ce lac que devaient traverser les navires.

des enfants nus, des femmes décolletées dont la chemisette
flottante laissait voir une bande du corps à la ceinture.

Au bout d'une demi-heure, une église nous apparut en
face, au bout même du chemin que nous suivions. En nous
rapprochant davantage, nous retrouvâmes encore des maisons détruites et l'empreinte des coups de la guerre. Nous
étions dans le village de Saint-Georges, qui a eu aussi à
compter avec Walker. Nous traversâmes le village, qui est
charmant, avec ses rues droites et ses maisons ouvertes, et
un quart d'heure après, nos chevaux marchaient dans un
sable épais, noirâtre, qui indiquait la proximité de la lagune.
Le chemin sablonneux fit un détour et descendit tout à
coup : nous étions sur la plage. C'était une bande de sable
de 25 à 30 pieds de large, sur laquelle des vagues énormes
se brisaient sans relâche.

Je ne m'attendais pas à ce spectacle. J'en fus tout étourdi.
Ce n'était pas un lac comme je le supposais. C'était une véritable mer, soulevée par les vents et dont les rafales semblaient annoncer une tempête. Mais ce qui produisait la plus
profonde impression, c'est l'île d'Ométépé et son double
volcan. Elle était devant nous, à deux lieues de distance, et
son cône semblait nous écraser, tant il apparaissait grandiose. Une calotte de nuages blancs voilait sa cime. Ses
pentes, dénudées en partie vers le haut, sans doute par les
éruptions du volcan, se couvraient en descendant d'une
verdure de forêts qui ceignait l'île entière. Au delà, des deux
côtés, on ne voyait que le ciel et la croupe marine des eaux.

Je restai quelques minutes immobile devant ce tableau
inattendu, puis nous descendîmes sur la plage. Une cinquantaine de femmes, la plupart nues jusqu'à la ceinture,
lavaient leur linge le long du bord. Plusieurs d'entre elles se
baignaient à dix pas dans la lagune, sans autre vêtement
que l'eau et la vague écumeuse. Notre arrivée ne dérangea
rien à cette mise en scène ; tout au plus celles qui étaient
debout s'assirent-elles dans l'eau, pour ne se laisser voir que
depuis la ceinture. Quant aux laveuses, les plus jeunes
voilèrent à moitié leur gorge avec un mouchoir, les autres

regardèrent passer la cavalcade sans songer que leur nudité
pût être un objet de curiosité. C'étaient des mulâtresses d'un
ton de chair plus ou moins foncé, quelques-unes avec de
magnifiques épaules, les cheveux nattés ou dénoués, et de
beaux yeux noirs étonnés. Quelques hommes charpentaient
une embarcation à vingt pas de là, sans paraître s'apercevoir
de leur présence.

On m'avait dit et je savais de longue main que les bains
dans le lac étaient délicieux ; je ne voulus pas tarder plus
longtemps de m'en assurer, et dès le lendemain, à six heures
du matin, j'étais à la lagune avec un de mes compagnons.
Il y avait encore quelques femmes, mais moins que la veille.
Le sable était fin, bleuâtre, étincelant de mica, aussi beau
que celui dont on se sert dans les bureaux et qui se vend à
la livre en Europe. Je me déshabillai et j'entrai dans l'eau.
Le mouvement du cheval m'avait donné une agitation du
sang qui me fit éprouver d'abord une impression de fraîcheur. Mais à peine dans l'eau entièrement, je trouvai qu'elle
était tiède, malgré le vent terrible qui rejetait les vagues
contre le bord.

J'y suis retourné depuis, chaque jour, et si je reviens
jamais au Nicaragua, ce sera un plaisir sans égal de me
baigner tous les jours dans son beau lac.

La plage n'a presque pas de pente. On peut aller fort loin
dans la lagune sans avoir de l'eau jusqu'à la ceinture. On
s'explique aisément cette côte par les vents qui règnent dans
ces parages et qui y jettent constamment de nouvelles couches
de sable. Ces tempêtes sont quelquefois terribles. J'ai trouvé
des couches de sable de 20 pieds d'épaisseur à cent pas
de la rive. On m'assure que ce vent, qui règne surtout pendant l'été, c'est-à-dire jusqu'au mois de juin, chasse tous les
mauvais airs et donne de la salubrité au pays. Ce qui est
certain, c'est qu'il lui donne une poussière épaisse qui rend
parfois le séjour de Rivas insupportable.

On se plaint à Paris, pendant l'été, de la poussière du ma-
cadam ; elle n'approche pas de celle de Rivas, qui couvre une
feuille de papier avant qu'on ait eu le temps d'y rien écrire.

Rivas est trop loin du lac. C'est une fatigue qu'on aurait bien pu lui épargner. Je crois que le sol du lac peut se hausser.

— Le lendemain 24, à dix heures du matin, je revêtis l'habit noir et je montai vers la maison présidentielle. Elle était située à l'extrémité ouest de la ville, sur une petite élévation du sol. Je n'ose pas dire que je traversai la ville, je traversai des décombres de ce qui avait été Rivas.

Le président se promenait dans une plantation de cacao qui dépendait de l'habitation et dont je voyais l'allée principale à travers une large porte. On alla l'avertir. Je remarquai qu'un domestique lui porta un habit bleu à boutons dorés, pareil à celui de M. Mora, avec cette différence que les boutons de M. Martinez avaient le luxe d'un brillant au milieu. Je m'assis dans la galerie en attendant et je regardai le long de l'allée de la plantation. La maison présidentielle ressemblait à toutes les grandes maisons de Rivas : un carré parfait garni de galeries très larges, des murs blancs, des carreaux en briques et la cour toute nue. Le seul indice du pouvoir suprême était un poste d'honneur placé à la porte, dont les soldats étaient uniformément vêtus d'un pantalon de cotonnade bleue avec une bande rouge et d'une veste de la même étoffe avec des parements rouges, une cartouchière et un chapeau de paille, sans chaussures.

(J'ai su depuis que la garde d'honneur du président Martinez se compose de 200 hommes ainsi vêtus, commandés par des officiers sans costume.)

Je n'ai trouvé qu'un seul officier en tenue, c'est le général Bonilla, 28 ans, à qui un grand avenir est réservé, si les circonstances le permettent. Il aime les étrangers et comprend la civilisation. Il est allé en Californie : excellente école pour apprendre à vivre.

Quand le président sort, le public en est averti par une fanfare.

On avait donné à M. Mora la même garde, et la fanfare sonnait aussi pour lui.

Au bout de quelques minutes, je vis déboucher le prési-

dent, vêtu de son habit bleu, que je lui ai vu depuis dans
toutes nos conférences. Il était accompagné du ministre de
l'intérieur, M. Cortez, teint de mulâtre, deux dents saillantes,
assez laid, et du général Bonilla. M. Martinez me tendit la
main sans sourire, fit ouvrir une porte qui donnait sur une
galerie extérieure, et nous entrâmes dans une pièce isolée
placée au bout de cette galerie.

Il n'y avait dans cette pièce qu'une vaste table placée sur
deux tréteaux et une demi-douzaine de chaises de bois.
M. Martinez m'offrit la plus proche de la table et s'assit à
côté de moi; les deux autres personnes prirent place un peu
plus loin, et l'entrevue commença.

Je débutai par une déclaration franche et catégorique,
pareille à celle que j'avais faite par écrit à M. Mora : Je ne
voulais laisser planer aucun doute sur ma situation; je ne
voulais surtout usurper aucun honneur officiel. Je n'étais ni
ministre, ni consul, ni agent quelconque de la France. Je
n'étais qu'un simple particulier et je tenais à établir avant
tout cette position, pour empêcher tout malentendu [1]. Au
fond, j'étais assez inquiet de l'effet de cette déclaration, et
pendant que M. de Barruel la traduisait, j'examinais avec
anxiété les figures de mes trois interlocuteurs. Mais je n'y
pus rien surprendre. Le président répondit en galant homme,
mais sans sourciller, que je n'avais pas besoin de caractère
public pour être accueilli avec honneur par le Nicaragua, etc.

Pendant ce temps-là, un nouveau personnage était entré
qui s'était placé tout près de moi. C'était encore un mulâtre
comme M. Cortez, mais beaucoup plus noir, avec des cheveux frisés presque blancs et une face de lion très intelligente. C'était le ministre des affaires étrangères, M. Gre-
gorio Juarès, dont le nom a depuis figuré au bas du traité.
On m'en avait dit assez de mal au point de vue politique.
On le supposait, sinon dévoué aux Américains du Nord, du
moins tremblant devant eux. On racontait même une scène

---

[1] F. Belly a publié cette déclaration dans son grand ouvrage, en prévenant qu'il « la copie textuellement, et sans y changer un iota, d'après la
page de son journal écrite une heure après ». (II, 163.)

ridicule, qui s'était passée à Managua, devant le général Lamar. Quoi qu'il en soit, M. Juarès était arrivé la veille très tard, et son premier mouvement, en apprenant que j'étais là, avait été de lever les mains au ciel en s'écriant : « Enfin, nous sommes peut-être sauvés ! »

Bref, M. Juarès assis et me regardant très curieusement, j'expliquai sommairement au président quel était le but de mon voyage [1].

Je voulais réaliser un projet conçu par les plus grands esprits ; j'avais les pouvoirs d'une banque française, l'appui d'une grande société d'économistes, parmi lesquels figuraient des hommes comme Hipp. Passy et Michel Chevalier, le concours de presque toute la presse française, le patronage moral d'hommes célèbres et puissants. Je citai quelques noms.

Je voulais faire de cette entreprise de canal quelque chose de grandiose, sans exemple jusqu'à présent dans les fastes de l'Europe. Je développai les théories les plus larges de liberté universelle, et je finis par demander au président quand il lui plairait de commencer la discussion de ce projet et s'il jugeait à propos que cette discussion eût lieu avec lui seul ou en présence de M. Mora et de son ministre.

Mon exposition avait été écoutée avec une religieuse attention. Elle me parut produire un très grand effet. Je commençais à deviner, même sur la figure impassible du général Martinez, les différents degrés de sa satisfaction. Quant à M. Juarès, il ne cachait pas le plaisir qu'il éprouvait. C'était peut-être la première fois qu'une parole sympathique venait leur ouvrir à tous les horizons de l'avenir qu'ils désiraient pour leur pays. J'avais, dans ce rôle consolateur, l'immense avantage d'être cru sur parole. On ne pouvait douter ni de l'intérêt que je portais au Centre-Amérique, ni de la loyauté de mes intentions. La déclaration même que j'avais faite en commençant donnait une haute idée de ma franchise, sans enlever l'espoir que j'eusse une mission secrète. Or, jusqu'à

[1] L'idée politique est exposée dans : *A travers l'Amérique centrale*, t. II, p. 149-166.

présent, tous ceux qui leur avaient demandé des traités ou des arrangements s'étaient plus ou moins conduits en chevaliers d'industrie ou en flibustiers. Les plus honnêtes avaient fait cause commune avec leurs ennemis et n'avaient exécuté aucun des engagements qui leur semblaient défavorables. Les autres étaient de vulgaires escrocs qui s'imposaient par la menace.

En sortant, je courus chez M. Mora. Je le trouvai dans son hamac, toujours affectueux, toujours souriant, mais un peu inquiet. Je lui fis connaître le résultat de ma première entrevue. Il comprit comme moi que c'était à lui d'amener son collègue à désirer une discussion commune. Il devait précisément aller le voir dans la journée. Je n'avais donc qu'à attendre le résultat de cette entrevue. Lui n'attendait pour cela que l'arrivée des bagages de ses aides de camp. Mais quand je sortis, j'entendis une sonnerie de trompette du côté de la maison du général : c'était M. Martinez qui prévenait son collègue et venait lui faire lui-même la première visite. J'en augurai bien. Du reste, il en a toujours été ainsi. Le général Martinez a joué depuis le commencement jusqu'à la fin le rôle le plus noble, le plus généreux, le plus désintéressé.

Le lundi, 3 mai, je me suis mis en route pour Grenade [1]. Dix-huit lieues de Rivas à Grenade. Pays presque plat, chemin de fer facile comme celui de Punta-Arénas. Douze lieues de Rivas à Nandaïmé.

Nandaïmé, grand village à moitié détruit par Walker.

Parti de suite pour la Merced. Belle allée de manguiers. Don Pedro Chamorro. Grande figure. Tenue très élevée. Cacao à perte de vue. Trois ans avant la première récolte. 15,000 fruits par semaine pendant quatre mois et 1,000 pendant le reste. Produit admirable. Bananiers, maragnons, pommes d'acajou, une espèce spéciale de sapotes, fruits sans fin, des milliards d'oranges, 200 p. c. de rendement. Simplicité biblique ; dîner en plein air ; couché sur

---

[1] Voir *A travers l'Amérique centrale*, t. I, p. 186 et suiv.

une peau tendue en guise de matelas ; mal dormi. Tortilles, vin de Bordeaux, poulet excellent, chocolat, haricots noirs.

Parti le matin pour le Pital. Ces routes sont superbes en été et n'ont jamais coûté un daïmé.

L'indigo. Cuves, appareil hydraulique. Produit la première année et trois années de suite. Arbuste de l'espèce des mimosas. C'est le produit principal de San-Salvador, qui en exporte pour 7 millions de francs par an.

— En débarquant de l'Europe à Grenade, sans intermédiaire, on serait fort désappointé de trouver ces rues sans étages, ces maisons basses, blanchies à la chaux, ces larges portes donnant sur de larges prés nus, etc.

Mais en venant de San-José et de Rivas, j'ai été presque émerveillé de l'aspect de Grenade, telle que je la reconstruisais en imagination, avec ses hauts trottoirs, ses vastes maisons carrées, ses lourdes consoles de fenêtres, cannelées ou sculptées, les hémicycles de barreaux de fer dont les étoiles et les arabesques indiquent une véritable préoccupation d'art, et surtout les colonnes et les portails à armoiries de ses principales habitations. Il est vrai que tout cela venait des Espagnols et des Espagnols de la conquête ; car Grenade avait un passé, tandis que San-José date d'hier.

La perte de Grenade par l'incendie et la destruction de ses maisons, de tout ce qu'elle contenait, en meubles, marchandises, linges, collections de toute sorte, livres, archives, souvenirs de famille, etc., ne peut pas être évaluée à moins de 40 millions de francs, sans compter des centaines d'haciendas qui ont été complètement détruites.

Ses sept églises, dont il ne reste plus que des tronçons de façade, des murs lézardés, des portails plus ou moins isolés, contenaient des entassements d'objets de culte, fruit de la piété de trois siècles.

Des arbustes, des plantes parasites, des broussailles brûlées par le soleil couvrent des espaces considérables, des rues entières, dont le terrain encombré de décombres enfouies indique seul qu'il y avait là des demeures opulentes, habitées par des milliers de familles.

20,000 habitants avant la révolution, 15,000 aujour-
d'hui.

Caractère gai, oublieux et charmant des habitants. J'ai vu
quelques jolies personnes sur le bord de leurs portes, toujours élevées de deux ou trois pieds au-dessus de la chaussée.

La place Major est la désolation même.

. . . .

Quand soixante-dix Américains ont été cernés dans une
église de Grenade, on leur a offert la liberté s'ils voulaient se
rendre ; on s'engageait à les embarquer à San-Juan del Sûr
ou à Punta-Arénas pour l'endroit qu'ils voudraient choisir.
Rien n'a pu les décider à céder et ils ont continué le feu
sans interruption ; alors on a mis le feu à l'église. Puis, quand
les poutres enflammées tombant sur eux leur ont révélé le
sort qui les attendait, on a renouvelé les offres de liberté
et de secours. Rien n'a fait ; ils ont répondu en criant :
« Vive Walker ! » et ils sont morts calcinés, moins une
douzaine, qui ont demandé grâce, mais qui, pour la plupart,
sont morts peu après de leurs blessures.

. . . .

On m'avait dit beaucoup de mal des Grenadins. Ils valent
mieux que leur réputation.

La maison de M. Renard, détruite de trois côtés, ou
plutôt de six, n'avait plus que trois pièces couvertes de toiture. On m'a donné la seule qui fût isolée, car celle du milieu,
avec trois lits, une table et deux hamacs, était le rendez-vous
général ; l'autre, munie aussi de plusieurs lits, toujours sans
moustiquaires, servait aux dames.

Troisième pièce : poules, oiseaux, immondices. Un beau
hamac, des courants d'air. Grand bassin de bois, bain trois
fois par jour : je m'en trouve admirablement. Comme l'hy-
drotérapie réussirait dans ce pays-là !

8 mai. — Parti de Grenade le 8, à neuf heures du matin.
Arrivé à Massaya à onze heures et demie.

On compte 4 lieues de Massaya à Grenade.

La route est plus accidentée que celle de Grenade à Rivas,
mais elle lui ressemble beaucoup comme physionomie, comme

construction et comme végétation. Dieu seul s'est chargé de ces routes, la main de l'homme n'y est pour rien, et, sauf la poussière et le soleil, elles sont parfois excellentes.

Celle que je viens de parcourir a beaucoup de petites ondulations. Mais un chemin de fer les éviterait en passant plus au nord-est et en se rapprochant du lac.

A moitié chemin, un ami m'a fait retourner. Nous étions sur une petite hauteur. Derrière moi se dessinait la rive supérieure du lac de Grenade, entourée d'une véritable plaine dont il m'était impossible d'apprécier l'étendue. Au delà, les montagnes du Chontalès, faibles ramifications de la petite chaîne qui sépare le Nicaragua de la bande mosquito. Plus au sud, le Montbacho, et dans un lointain vaporeux, la cime triangulaire de l'Ométépé.

Il était évident pour moi qu'en se rapprochant du lac, la route devait trouver à peu près une surface plane, dont les petites hauteurs seraient faciles à tourner.

Depuis ce moment, et même auparavant, je voyais devant moi une colonne de vapeur intense dont les nuages blancs sortaient d'une hauteur que je n'apercevais pas, s'élevaient lentement vers le ciel, où ils demeuraient presque immobiles. Ces nuages blancs étaient produits par le volcan de Massaya. Leurs flocons blancs et serrés formaient autour de l'horizon une demi-ceinture de 40 degrés d'épaisseur, sans laquelle il n'y aurait pas eu un nuage au ciel.

Je finis par découvrir le foyer d'où s'échappait cette vapeur condensée. Ce n'était pas un volcan comme nous l'imaginons en Europe d'après certains types connus. C'était un modeste mamelon, un peu écrasé au sommet et un peu plus haut que le mont Valérien. A moitié de sa hauteur, prenait naissance une chaîne de collines qui se prolongeait indéfiniment à gauche et à droite, et qui me parut être la base du plateau sur lequel est assise Managua et qui sert de réservoir à son lac. Je compris tout de suite que de ce plateau venait la différence de niveau des deux lacs et par conséquent la chute du Tipitapa.

Nous entrâmes dans Massaya comme j'étais entré dans

Rivas et Grenade, sans l'apercevoir. Une avenue de chaumières et une maison blanche au bout, voilà le premier
décor de la ville. Nous nous arrêtâmes devant une maison
vaste et qui paraissait confortable. C'était une posada centre-
américaine. J'entre. On mène nos chevaux dans une cour.
Tous les lits de la maison étaient rangés sous la galerie. Je
m'étonne. On me montre le mur lézardé et le coteau fumant
qu'on voyait au bout de la rue, à une lieue à peine. C'était
l'effet des tremblements de terre qui affligeaient la ville
depuis une quinzaine de jours.

Il paraît que le volcan fume ainsi depuis cinq ans.

— Depuis Rivas, j'ai remarqué qu'en remontant le Nicaragua, les femmes étaient de plus en plus nues. Dans les granges
du chemin, beaucoup n'avaient que leur jupe. Dans les rues
de Massaya, les paysannes remplacent la chemisette par un
mouchoir étendu sur la gorge comme un tablier.

Ces gorges sont pour la plupart magnifiques, les épaules
sont superbes, les attaches des bras raviraient un sculpteur.
J'avoue que ces admirables contours ne me laissent pas indif-
férent. Cette chemisette offre si peu de résistance, elle se
soulève si complaisamment au moindre mouvement des bras,
au moindre souffle de l'air ! J'ai éprouvé tous les jours dix
fois plus d'émotions qu'on ne peut en éprouver en Europe.
L'âme n'y est sans doute pour rien. Mais enfin, l'attrait,
même physique, quand il est produit par la beauté de la
forme, comporte aussi sa poésie, et cette poésie-là, j'en suis
inondé ici.

Les femmes d'ailleurs, au Nicaragua comme à Costa-Rica,
ont un caractère de bonté et de douceur qui remplace bien
d'autres perfections. Elles ne savent rien, mais elles savent
aimer.

On pourrait croire d'abord qu'avec un costume si dégagé,
elles devraient être très faciles. On se tromperait. Elles ne sont
faciles qu'avec celui qui leur plaît, et toute autre considération les touche peu. Ne sachant rien de ce monde et de ses
grands intérêts, elles n'attachent aucun prix à la gloire, à la
réputation ou à la grandeur personnelle d'un homme. Mais

la jeunesse et la beauté les attirent plus que nous peut-être ; aussi ne les obtient-on pas avec de l'argent. Il faut leur plaire, parler leur langue, les charmer par un moyen quelconque, sous peine d'être complètement dédaigné, eût-on ses poches pleines d'or et fût-on le chef respecté des cinq républiques.

Il ne sagit ici, bien entendu, que des femmes du peuple ; car pour celles du monde, elles sont peu accessibles, grâce à leur caractère et aussi à cause des difficultés d'une existence ouverte à tout venant et entourée de témoins qu'on ne peut éloigner.

Je n'ai trouvé un peu d'exception à cette conduite des femmes indigènes qu'à Massaya ; encore s'en fallait-il de beaucoup que l'étranger fût dans cette ville sur le même pied que le Nicaraguien. Partout ailleurs, la peur de l'étranger était d'une naïveté parfois brutale.

Au Nicaragua, les femmes ne voyagent guère que vêtues de leur pagne ou de leur jupe, et sans chemisette ; et l'on peut dire que, jusqu'à trente ou trente-cinq ans au moins, la richesse de leurs formes mérite qu'on les regarde. Il est donc assez naturel que l'on songe à profiter en route des distractions de ces rares rencontres. Or, toujours l'attente est déçue. Du plus loin qu'on nous voyait, fussent-elles au milieu d'une caravane d'hommes, les femmes, demi-nues jusque-là et quelquefois portées à cheval dans ce costume, s'empressaient de se voiler de leur mieux pour éviter le regard de l'étranger. Du reste, nulle curiosité de leur part, nul souci de la condition ou de la figure de celui qui passe. Que leur imagination ne soit pas éveillée, ou que la peur traditionnelle de nos vices soit invincible, je ne saurais le dire. Mais je dois constater cette différence essentielle entre les mœurs de la civilisation européenne et celles du nouveau monde. Si, en France, un étranger, recommandable à un titre quelconque, jouit des plus larges immunités et se trouve placé auprès des femmes dans une condition meilleure que le Français, au Centre-Amérique, l'hospitalité la plus complète et la plus méritée s'arrête au seuil de la famille ; les femmes n'ont pas un sourire, pas une attention, pas un bon mouvement pour celui qui a mérité quelquefois la reconnaissance de leurs frères ou de leurs maris. Leur bonté caractéristique leur fait alors complètement défaut. Éloigné pendant plusieurs mois de mon pays, j'ai dû souvent souffrir de l'absence de linge propre et surtout du défaut de réparation de ma garde-robe. Eh bien, malgré les honneurs qui m'ont été décernés, malgré les hommages publics d'une population entière qui m'appelait son sauveur, je n'ai jamais pu obtenir qu'une femme quelconque, domestique ou maîtresse, par pitié ou par intérêt, voulût bien me coudre un bouton. Un jour, j'arrive à Grenade et je descends dans une maison française; le lendemain, je trouve la sœur de mon hôte occupée à passer mes chemises en revue avant de les faire repasser.

Il m'est souvent arrivé, en présence de la défiance des femmes pour les Européens, de me demander si les indigènes voyaient comme nous les beautés si vivantes de leurs compagnes et sentaient, comme nous le sentons, l'attrait puissant qu'elles exercent sans le savoir. Physiquement, ces hommes sont vigoureusement constitués. Leur large poitrine et leurs membres puissants ne laissent rien à désirer comme santé et comme force. Cependant, je ne les crois ni appréciateurs comme nous le serions à leur place, ni passionnés comme nous le sommes. Soit que l'habitude de tout voir les ait blasés sur tout ce qu'ils voient, ils ne paraissent pas se douter de ce que possèdent de trésors charmants et adorables les femmes dont ils font leurs esclaves et dont nous ferions nos idoles. Ils trouvent tout simple que ces belles créatures montent et descendent des ravins à pic, le dos courbé sous une charge énorme, comme à Nindiri, tandis qu'eux-mêmes se balancent toute la journée dans un hamac, sans autre souci que de les faire servir à leurs plaisirs. J'avoue que cette étrange interversion des rôles naturels est, de toutes les sottises que j'ai rencontrées, celle qui m'a le plus indigné. C'est ce que je pardonne le moins à un peuple qui se dit chrétien et qui a des prétentions assez hautes à une certaine civilisation. Quelques-unes des femmes que j'ai vues gravir ainsi des sentiers de chamois avec des fardeaux de bêtes de somme étaient tout uniment des chefs-d'œuvre de formes féminines. Il était impossible de ne pas être profondément remué à leur aspect. Ces délices des yeux et du cœur appartiendraient-elles à des hommes sans yeux et sans cœur?

— Je suis arrivé à Massaya le 8, un samedi. Je suis allé au volcan le 9, et je suis parti le lendemain pour Managua.

Le dimanche 9 mai, nous sommes partis à six heures pour le volcan, en passant par Nindiri. Nindiri est éloigné de Massaya d'une petite lieue. On m'en avait parlé comme du plus joli village de toute l'Amérique centrale. J'étais donc prévenu et, par conséquent, exigeant. La réalité, pour la première fois peut-être, a dépassé mon attente. Une grosse averse, tombée la nuit précédente, avait abattu la poussière du chemin et rendu aux arbres leur fraîcheur et leur riche verdure. Nous marchions entre deux haies serrées d'aloès épineux, dont les feuilles centrales se teignaient d'un beau rouge carmin, et derrière cette double barrière, deux rideaux d'arbres tropicaux de toute espèce, portant à la fois des fleurs et des fruits sans nombre, couvraient la route de leur ombre et réjouissaient les yeux de leur magnificence. Puis, tous les cent pas, ce rideau s'ouvrait et laissait voir, sous un bouquet de mangliers ou d'orangers, une chaumière indienne à toit conique, cent fois plus belle, au milieu de cette splendide nature, qu'un palais, et toujours réjouie par des enfants roulés sur le sol et par la blanche apparition d'une femme aux épaules nues.

Le costume des femmes et même celui des hommes, qui sont exclusivement blancs, donnent un air de fête à la moindre cabane. Il n'y a, d'ailleurs, devant ces cabanes, rien de ce qui, chez nous, repousse le goût et éloigne le curieux. Le sol, toujours sec, est battu comme un parquet. Ni mare, ni étang, ni amoncellement de fumier ou d'immondices.

Les vautours, qui font la police des villes, font aussi celle des campagnes. Tout est propre grâce à ces auxiliaires et surtout grâce au climat; et la femme décolletée, avec sa chemisette et sa jupe blanches, qui préside aux soins du ménage, éclaire chaque intérieur d'une véritable lueur joyeuse, que les maisons fermées, sales, noires et mal entourées de nos campagnes et le costume odieux de celles qui les habitent ne comportent pas.

La route de Nindiri, large comme un de nos chemins vicinaux, n'était donc qu'un enchantement continuel. Cet enchantement s'est prolongé jusqu'au village qui m'est apparu avec ses rues droites, toujours bordées de haies vives, comme un merveilleux décor d'opéra. J'ai déjà dit quel est le système de ces villages, qui tous, avec leurs rues tirées au cordeau en pleine verdure et avec leur large place sablée au milieu, pourraient, à un moment donné, devenir des capitales. Nindiri est un peu moins régulier que ce type universel. La fantaisie y a joué un certain rôle dans la distribution des massifs de bananiers, de cocotiers ou de mangliers abritant inévitablement une maisonnette ou une chaumière, aussi riante l'une que l'autre.

L'eau et le grand air, voilà les deux créateurs de la beauté. On se baigne tous les jours au Nicaragua, et voilà pourquoi la race y est si belle. Elle est plus belle près des lacs que dans l'intérieur.

14 mai. — Le président Martinez m'avait fait préparer à Managua un domicile, chose essentielle dans un pays pauvre, où le chef de l'État se contente d'un lit de cuir tendu qu'aucune servante française ne supporterait.

Je devais aller le remercier de cette bonne fortune. Je le trouvai dans une chambre au rez-de-chaussée de la maison verte, en compagnie de son ministre d'État, M. Rosalio Cortez. Au fond de cette pièce, très vaste et très simple comme ma propre chambre, une dame vêtue à l'européenne, robe décolletée et bras nus, était assise sur une chaise. Je la saluai instinctivement; elle me rendit mon salut sans changer d'attitude. C'était Mme Martinez. Elle paraissait âgée de 26 à 28 ans; je la trouvai assez régulièrement belle, mais d'une beauté froide comme le caractère de son mari; je dis :

comme ce caractère m'avait paru jusque-là ; car j'eus l'occasion de constater quelques minutes après que le général savait s'animer au besoin. Il me reçut avec une satisfaction et une cordialité que je ne lui connaissais pas, mit tout ce qu'il possédait à ma disposition, à commencer par sa jument préférée, et me pria de le considérer, non comme un président, mais comme un ami. Son secrétaire était aussi surpris que moi de cette effusion inattendue et inespérée ; la figure du général lui en avait semblé tout autre et réellement belle, me disait-il. La cause réelle de cette satisfaction était un grand changement produit dans les esprits par les événements de Rivas et par l'annonce de mon arrivée. Dans le sein même du Congrès, il s'était fait une véritable réaction contre les exigences du Nord et contre le traité Cass-Irizarri. Or, en vertu de la constitution existante, le veto [1] du président ne pouvait être annulé que par une nouvelle délibération de l'assemblée, et l'on supposait que cette délibération ne serait plus favorable au traité, mais qu'elle le repousserait à une forte majorité. Tout se rassérénait donc dans les régions de la politique intérieure. Léon même semblait abdiquer ses vieilles rancunes et son désir de révolutions démocratiques. Le général Jerès et le ministre Juarès, son prédécesseur, s'y trouvaient depuis plusieurs jours. Le pays entier était calme, et si le ministre américain montrait les dents, on commençait à ne plus craindre ses menaces et à tout espérer de l'intervention européenne.

« Nous sommes décidés, me dit le général en me reconduisant, à nous jeter sans restriction entre les bras de l'Europe, et surtout entre les bras de la France. »

---

[1] Mis par M. Martinez au traité Irizarri.

V

De Grenade au Realejo.

Cette entrevue, à laquelle assistait dans son coin Mme Martinez, fut décisive... Le général, sans faire d'objections de détail, me demanda le texte de mon projet pour le lendemain... Puis nous allâmes visiter ses plantations de cacao.

— Au retour, la table était dressée sous la galerie. Il était trois heures. On nous avait préparé des œufs, un plat de viande noire et dure, des haricots rouges, le plat national du Nicaragua, des bananes frites, une espèce de fromage blanc et des sapotes. Une bouteille de madère devait être notre ordinaire, faute de bordeaux. Ce dernier détail était le seul qui m'intéressât sérieusement, tant je m'étais déjà habitué aux tortilles et aux haricots.

Nous étions donc à table sans penser à mal, quand tout le monde jeta un grand cri. Aussitôt la dame de la maison et ses trois filles se précipitèrent de leur magasin dans la cour. Je demandai de quoi il s'agissait. On venait de ressentir un tremblement de terre, et les terreurs de celui du 25 mars et des menaces du volcan étaient subitement revenues. Dix minutes après, nouvelle scène du même genre, puis, au bout d'un quart d'heure, une troisième. Toute la rue était en l'air, on songeait déjà à transporter les lits dans la campagne pour ne pas être écrasé par la chute des maisons, que le mouvement du 25 avait déjà un peu lézardées.

Pour moi, qui venais de visiter le siège même du terrible moteur qui soulevait le sol, je trouvais que ses effets étaient bien mesquins. J'avais vu dans un palais de Constantinople

le lustre du salon d'un pacha se balancer comme un pendule sans que personne s'en émût. J'étais donc assez surpris de l'importance qu'on attachait à ces secousses imperceptibles ; mais le lendemain, j'avais changé d'avis. Je m'étais
couché de bonne heure sur mon lit de sangles, sans draps et
sans couverture, et j'étais profondément endormi, quand, sur
les 11 heures du soir, mon lit fut assez violemment secoué
pour que je fusse presque jeté à terre. Je crus la maison
écroulée ; il n'en était rien. Mais tout son personnel avait
fui dans la cour, avec un costume de hasard. Je demandai
des nouvelles, il n'y en avait pas d'autres que la terreur
commune s'attendant cette fois à une catastrophe définitive.
La catastrophe cependant n'arriva pas ; on finit même par
se recoucher à moitié rassuré. Mais le lendemain, il ne fut
plus question que du réveil subit de la veille. On sut que le
mouvement avait été ressenti en même temps à Massaya et à
Grenade. Des lettres de ces deux villes annoncèrent même
que les habitants de la première campaient dans les rues et
dans les campagnes, et qu'à Grenade, quelques maisons
s'étaient lézardées. Tout cela n'était pas de nature à rassurer
beaucoup les Managuiens, et ce ne fut qu'à la longue que
cette impression d'épouvante put s'effacer.

— Managua a son lac comme Rivas et Grenade, avec cette
différence qu'à Managua, la plage touche aux maisons et que
toutes les rues descendent au bord. Or, comme toujours, je
n'avais rien de plus pressé que de voir cette plage. Elle ressemblait beaucoup à celle de Grenade avec ses femmes demi-
nues, lavant leur linge sur un sable bleuâtre. Mais les
femmes me semblaient plus belles et le lac beaucoup plus
petit. La vue était bornée au nord par un promontoire de
petites montagnes et autour du bassin par les sierras de la
Nouvelle-Ségovie.

— Le lendemain 11, nouvelles de la tentative de Kinney.
Rapport de don Juan Mesnier, transmis par le général Chamorro. Un secrétaire du général Lamar servait d'adjudant à
Kinney et le navire américain n'est intervenu que pour protéger les flibustiers. C'est l'attitude de la population et de

son chef, M. Wolff, qui a sauvé la ville et renversé les projets de Kinney.

— Le 11, à onze heures, le président et M. Cortez sont venus me faire une visite. J'ai lu le projet de traité. Le ministre l'emporte pour l'examiner.

Le lendemain 12, ils me préviennent qu'un député de Léon viendra le jour même me faire quelques observations, et ils m'engagent à user d'éloquence pour le séduire et pour entraîner avec lui toute l'opposition léonnaise.

Entretien peu agréable avec un homme qui ne connaît rien de la civilisation, n'a jamais vu un chemin de fer, etc.

. . . .

Les grandes choses se font simplement, elles sont cent fois plus faciles que les choses médiocres. Seulement il faut rencontrer des hommes qui ne soient ni des aveugles ni des fourbes, et malheureusement le nombre en est grand dans les régions gouvernementales. Aussi, le choix des hommes est-il l'affaire capitale d'un peuple et d'une administration. J'ai trouvé en Amérique, dans une maison sans meubles et sans vitres, deux hommes qui n'étaient ni aveugles ni roués, deux hommes qui voulaient simplement sauver leur pays J'ai réalisé avec eux une mission grandiose, et cela en quelques heures. En France, j'avais frappé inutilement pendant toute une année à toutes les portes officielles, et je n'avais pu obtenir, ni un mot d'encouragement, ni une mission économique, ni même obtenir une audience. Un ministre à qui je demandais la mission m'a répondu que je serais protégé par les consuls de France... et il n'y en a jamais eu à Costa-Rica ni au Nicaragua.

— A Managua, comme à Grenade, comme dans toutes les villes et villages de l'Amérique centrale, on jouit d'une musique particulière qui ne serait pas du goût de tout le monde, et que, pour mon compte, j'ai souvent envoyée au diable. Comme ces cités sont à la fois ville et campagne, la volaille y abonde ; elle remplit les cours comme les arbres, se promène dans les appartements et ne respecte pas même votre lit, quand vous en avez un. A Grenade, je ne pouvais pas même la chasser de ma table de travail, où son passage laissait souvent des traces fort indiscrètes. Or, la musique dont je parle est un accord à deux voix et à secousses formidables que donnent toute la journée et surtout toute la nuit messieurs les coqs, ces maîtres hurleurs. Je ne crois pas qu'un pareil phénomène se soit jamais rencontré en Europe, dans les basses-cours les plus peuplées. Vous venez de vous endormir écrasé de fatigue. Il est minuit, l'heure du repos, pour les bêtes comme pour les gens. Tout à coup, vous êtes réveillé par le cri strident et peu harmonique d'un voisin emplumé. A l'instant même, comme à un signal convenu, un immense orchestre lui répond à une lieue à la ronde. Puis, avec la précision d'une mesure à quatre temps, un autre orchestre, composé de mille cris, donne la résonnance en mineur du premier. Alors, la psalmodie ne s'arrête plus. Demande et réponse se succèdent avec une régularité magistrale ; les masses chorales semblent même s'enrichir à chaque verset de quelques nouveaux ténors enrhumés ; et si vous avez le malheur d'être nerveux ou d'avoir fait un mauvais souper, vous pouvez compter sur une nuit blanche et sur un réveil beaucoup plus agité que ne l'était la veille.

— Entre ces trois localités, pas une maison, pas un cours d'eau. Nous devions déjeuner au delà de Matiarès. En suivant le bord du lac, nous avons trouvé un endroit prédestiné. Deux ou trois arbres verts nous couvraient le visage de leur ombre. Au-dessous, un sable brillanté, moins fin que celui de Grenade, mais très propre, pouvait servir de lit de repos. Nous étendîmes une couverture sur ce sable, et, en attendant que la mule des provisions fût arrivée, nous prîmes un bain délicieux dans la lagune, sans trop penser aux crocodiles qui l'infestent comme tous les lacs de ces contrées.

Le paysage était charmant. Nous embrassions toute la moitié septentrionale du lac de Managua, ayant à notre droite le versant de la presqu'île dont nous connaissions le devant et à notre gauche le cône énorme du Momotombo, le géant des volcans du Nicaragua. Puis, en face de nous, un cône modeste, vert de la base au sommet, et qui semblait sortir tout humide encore du milieu du lac. C'était le Momotombito, volcan-île, rond comme un chapeau, écrasé de taillé par son voisin du nord, mais gracieux dans sa petitesse et très pittoresque dans son isolement. En face, l'horizon était fermé par une ligne de montagnes bleuâtres et au delà du Momotombo on devinait une longue chaîne de volcans reliés entre eux.

Nagarete est beaucoup plus important que Matiarès. Il doit contenir un millier d'habitants.

Pueblo-Nuovo ressemble un peu à Nindiri ; seulement ses rues sont bordées de cactus vierges, serrés les uns contre les autres et hauts de quinze à vingt pieds, ce qui lui donne une physionomie de ville au port d'armes.

On y fabrique des poteries primitives, d'un rouge étrusque, avec lesquelles les femmes vont chercher de l'eau.

Il y avait du feu au bas de la rue. J'allai voir. Un tas de cruches ; du bois enflammé dessous, que de pauvres femmes maintenaient en place. Les hommes étaient assis à distance, les femmes faisaient tout. Ce devait être un four pour les poteries.

15 mai. — Parti de Managua à six heures. Déjeuner sur le bord du lac après Matiarès, arrivé à Nagarete à deux heures et à Pueblo-Nuovo à quatre heures. Nous avions fait quinze lieues.

De Pueblo-Nuovo à Léon, la route est unie. On pourrait y faire passer le chemin de fer sans frais. Mais il y a une énorme poussière.

On rencontre un village un quart d'heure avant d'arriver à Léon. C'est le seul de toute la route.

Une ou deux lieues avant d'arriver à Léon, les bois cessent tout à coup. Le pays se découvre. On voit surgir à sa droite les cinq ou six volcans éteints qui se suivent depuis le Momotombo, soudés l'un à l'autre par une petite chaîne basse et irrégulière. On côtoie alors de grands carrés de champs déboisés, préparés sans doute pour la culture du maïs. Cette terre est splendide.

Pour entrer à Léon, on descend dans un ravin où coule

une petite rivière — chevaux et blanchisseuses — et on remonte la côte par un large chemin pavé qui date des Espagnols. Ce chemin pavé, luxe énorme dans le Nicaragua, m'a donné tout de suite l'idée d'une grande ville. Léon est, en effet, une grande ville, au moins relativement, puisqu'elle contient 40,000 habitants. Mais quel triste monceau de ruines ! Au sommet de la côte commence une rue qui conduit à la cathédrale, le plus beau monument de toute l'Amérique centrale. Je fus un instant ébloui du caractère de grandeur et de pureté de lignes de cet édifice, qui ressemble plutôt à un palais qu'à une église. J'étais tellement habitué aux églises en planches, surchargées d'ornements de mauvais goût, et aux façades rococo ridiculement sculptées, que je ne pouvais m'attendre à trouver, au milieu de ces maisons à demi détruites, un monument qui rappelât nos hôtels de la Renaissance...

Ici aussi, le défaut d'unité dans l'architecture est aggravé par une vraie débauche de mauvais goût en fait de sculptures sur bois. On ne peut rien imaginer de plus odieusement laid que le travail, contourné et grossièrement peint de tons criards, des stalles du chapitre et du trône épiscopal. Un artiste quelconque qui serait pendant vingt-quatre heures maître de cette église, se croirait obligé en conscience de jeter au feu le chœur entier, sauf à remplacer le tout par des bancs de bois noir, comme ceux de l'intérieur des maisons. Je ne sais pas si jamais personne aura le courage d'accomplir ce sacrifice. Les peintures récentes de l'église ne me donnent pas une haute idée des exigences artistiques des Léonnais.

— Il fait la plus forte chaleur que j'aie encore ressentie, 25° Réaumur le matin, 29 à midi et 31 à 2 heures, dans l'intérieur des appartements, et jusqu'à 50° au soleil. C'est cependant par cette terrible chaleur que j'ai fait jusqu'à dix-huit lieues par jour à cheval, tant il est vrai qu'on s'habitue à tout et que ce qui manque le plus souvent à l'homme, c'est le courage.

16 mai. — Je suis arrivé un dimanche, le 16. Toute la

journée, on a tiré le canon et des pétards. Il y a même eu, un moment, sur la place, un véritable feu de mousqueterie qui a duré quelques minutes. J'ai demandé ce que cela signifiait; on m'a dit qu'il en était ainsi tous les dimanches. Quels tapageurs que ces Léonnais! Ils ont des goûts essentiellement militaires. Leur musique vaut mieux que celle du président Martinez, et ils en usent.

22 mai. — Pendant toute la semaine, à Léon, j'ai été assourdi par le bruit des cloches. Il paraît que la profession de sonneur est une des plus importantes. Ici, on fait du bruit pour faire du bruit. Dès trois heures du matin, j'ai été réveillé, le lundi, par un carillon infernal. Si les cloches ont pour mission d'élever l'âme à Dieu et de la remplir d'idées religieuses, celles de Léon manquent complètement leur objet.

Léon est la seule ville du Nicaragua et de Costa-Rica qui soit pavée, du moins dans ses principales rues. On m'assure qu'il en est de même à Chinandega, que je n'ai pas pu voir, quoiqu'elle en valût la peine.

Ce pavage n'est pas brillant. Au milieu de la rue, une bande de dalles. Tout le reste en pierres pointues ou rondes, peu agréables aux pieds européens. Mais tel qu'il est, ce pavage soutient les terres et j'ai vu de mes yeux que, sans lui, les rues s'en iraient dans la campagne quand elles sont visitées par les pluies.

Inutile de dire que ce pavage date des Espagnols et qu'il est dans un très mauvais état.

— Un beau jour du mois de juin 1852, les trois lacs de Massaya, d'Appoio et de Tissapa se mirent tout à coup à bouillonner comme une marmite en ébullition. Les femmes qui lavaient ou qui se baignaient sur leurs bords furent si effrayées de ce phénomène qu'elles s'enfuirent sans prendre le linge qui leur appartenait. Un mois plus tard, on entendit dans tout le pays comme une détonation de cent coups de canon, et on vit tout à coup s'élever du volcan un jet de vapeur qui depuis n'a fait qu'augmenter. Le tour de l'orifice n'avait alors que soixante mètres; il a aujourd'hui une lieue.

A cette époque cependant, on ne s'aperçut d'aucun tremblement de terre. Seulement, dans le lac d'Appoio, qui est d'eau salée et froide, quand on s'enfonçait, on se sentait les pieds brûlés par une eau très chaude.

— Les Nicaraguiennes aiment les colliers d'or, les fleurs dans les cheveux et les paillettes au corsage et au bas des robes. Toutes portent ces ornements.

.   .   .   .

— Je voulais aller à Realejo.

Le soir du lundi 17, plusieurs personnes étaient venues me voir, y compris le préfet du département et M. de la Rocha, ancien ministre sous l'administration Pineda. Je leur parlai d'un moyen commode d'y aller par eau. Il ne fallait, me dit-on, faire que cinq à six lieues à cheval, jusqu'à une hacienda de cannes à sucre, qui était elle-même une des curiosités du pays. Le maître de l'hacienda, un Américain, M. John Deekson, mettrait une barque à ma disposition, et avec cette barque j'arriverais à Realejo, en descendant une rivière qu'on appelle l'*Estero*. Cette idée me sourit. J'étais bien aise de juger de l'importance d'un cours d'eau qui figurait précisément, dans le plan de Napoléon III, comme devant être l'un des débouchés du canal.

Soldat envoyé le soir à M. Deekson. Départ à six heures. Chemin plat jusqu'au Polvon. 150 hectares plantés de cannes à sucre. Une large allée au milieu de cette verdure tendre. Maisons au bout. Aspect d'un village. Usine hydraulique, jolie rivière, cascade, charmante situation.

Son hacienda produit 100,000 francs par an. Il manque de bras. Les Nicaraguiens sont inconstants. Ils vous quittent sans rime ni raison, au bout de deux mois.

Déjeuner improvisé. Une trentaine d'ouvriers américains, allemands et indigènes; deux ou trois Indiennes, charmantes et faites au tour.

Nous partons avec un Américain et un vieux nègre, espèce d'oncle Tom philosophe.

Au bout de trois quarts d'heure, je découvre une petite rivière, large de quinze pieds, dont les eaux claires couraient en pente rapide sur un lit de cailloux. Ce lit était encaissé entre deux rives d'arbres épais, qui lui formaient une voûte d'ombre et de verdure. Nous suivons cette rivière pendant quelques instants, puis nous nous trouvons devant deux embarcations amarrées au milieu même du petit rio, au point où finissaient la pente et le lit de cailloux.

Une de ces embarcations, qui avait la forme d'un chaland, semblait hors de proportion avec le volume des eaux et la largeur du ruisseau, et l'autre, toute petite, était juste assez grande pour contenir deux voyageurs, un timonier et un rameur. Ce fut cette dernière que le nègre alla détacher en entrant dans la rivière, où il avait à peine de l'eau jusqu'aux genoux. Nous remettons nos chevaux à un domestique indien, et nous nous installons dans le petit batelet avec nos parapluies et des provisions.

J'étais curieux de voir comment cette petite rivière me conduirait à la mer. Elle n'avait pas ordinairement plus d'un pied d'eau, et souvent il fallait remplacer la rame par l'aviron. Plusieurs fois même nous fûmes engravés sur un fond de bancs d'huîtres que nous détachions en passant pour les manger. Mais je ne tardai pas à deviner le système hydraulique de ce prétendu *Estero*. Au bout d'un quart d'heure de navigation, les rives du rio avaient changé d'aspect. Sa végétation touffue et variée, qui formait un berceau sur nos têtes, avait fait place à une végétation nouvelle, qui annonçait infailliblement le voisinage de la mer. C'étaient des rideaux de mangliers, dont les racines pendantes formaient au-dessus de l'eau des réseaux inextricables dans lesquels les crocodiles se tenaient cachés. Ces mangliers étaient d'abord des arbres énormes, soutenus en l'air comme par miracle au-dessus de leurs fragiles pivots. Ils fermaient des deux côtés l'horizon de la rivière comme une double charmille de cent-vingt pieds de haut et d'une vue uniforme. Avec la présence de ces mangliers, l'*Estero* s'était presque subitement élargi comme s'il fût devenu un canal maritime. Ses eaux étaient toujours basses, car elles ne dépassaient pas deux pieds de profondeur, mais elles coulaient à pleins bords entre des rives magistrales qui n'appartenaient plus à une rivière. Les berges de mangliers s'élargissaient de minute en minute, en même temps que cette végétation polipière diminuait de hauteur et de majesté, et nous nous trouvâmes enfin, après une heure à peine de marches et de détours très pittoresques, en face d'un véritable bras de mer d'un mille de largeur, au bout duquel on apercevait une échancrure de terre, et au delà de l'échancrure un orifice diamanté que le soleil faisait resplendir. Cette échancrure, c'était l'entrée de la baie de Realejo, et l'infini, c'était l'océan Pacifique que je retrouvais pour la troisième fois.

Mais il s'en fallait de beaucoup que nous fussions arrivés. Nous étions partis sans savoir dans quelle lune nous étions et quelles étaient les heures de la marée. Or, nous nous trouvions précisément en face de la marée montante, avec la complication d'un vent contraire. Notre frêle esquif devait vaincre ces deux obstacles pour entrer dans la baie, et il ne pouvait se servir de sa voile qu'en allongeant sa route par d'interminables zigzags. Ce double contre-temps fut cause que nous mîmes huit heures pour faire un trajet qu'on fait en deux heures dans les temps favorables. J'eus ainsi tout le loisir nécessaire pour examiner cette baie de Realejo, à laquelle de grandes destinées ont été promises et qui me semblait si différente de ce que j'avais imaginé. L'*Estero,* devenu bras de mer, malgré son peu de profondeur (deux ou trois pieds en moyenne), aboutissait à un bassin presque circulaire qui formait seul la baie de Realejo et que bornaient, du côté de la mer, une île basse nommée l'île Cardon, et deux côtes basses garnies de mangliers. Des deux côtés de l'île, on apercevait un passage allant de la baie au Pacifique, mais le passage du sud n'était qu'une illusion. Les cartes le désignent sous le nom de fausse entrée, et le mouvement des flots contre les rochers dont il est barré nous faisait croire de loin à des jeux de baleines noires. Au nord de l'île, au contraire, une passe s'ouvre assez large et d'une profondeur moyenne suffisante pour permettre aux navires du plus fort tonnage d'entrer dans la baie, pourvu que le temps ne s'y oppose pas, car le peu de hauteur des côtes, exclusivement formées de mangliers et de bancs de sable, ne me semble pas une défense bien efficace contre les tempêtes du Pacifique.

La plus importante de ces côtes, celle du nord, qu'on appelle Punta-Icaco, est le véritable port de Realejo. Quand on l'a doublée, on s'engage dans un autre estero qui est, lui du moins, un véritable canal maritime, de profondeur moyenne et avec une largeur d'un mille à peu près. C'est dans ce canal, à une pointe qu'on nomme San-Fernando, vis-à-vis d'un ancien dépôt de charbon des Américains, aujourd'hui ruiné comme tout le reste, que jettent l'ancre les navires de commerce qui viennent charger à Realejo, et que s'arrête le *Colombus*, deux fois par mois, dans son double trajet sur la côte du Pacifique, de Guatemala à Panama et vice versa.

A Punta-Icaco, trois ou quatre maisons indiquent un commencement de population. Une de ces maisons, à un étage et à deux galeries l'une sur l'autre, ressemblait à un chalet suisse et supposait l'installation d'un étranger sur cette plage déserte.

Mais au milieu de ces canaux bordés de mangliers, je cherchais toujours Realejo, et plus nous avancions, moins je devinais quelle pouvait être la position de cette ville. Une fois engagé dans le second estero, qui rentrait par le nord-est dans l'intérieur des terres, il se produisit en sens contraire, mais avec une rare magnificence de détails, l'effet que nous avions remarqué en descendant le premier qui nous conduisait à la baie. La marée était arrivée à sa plus grande hauteur et, le mouvement des flots s'étant calmé, les mangliers des deux rives baignaient jusqu'à leurs feuilles dans les pleines eaux, dont la limpidité silencieuse débordait sous leurs arceaux. Au bout du canal, notre embarcation en prit un autre, puis un troisième, puis nous nous trouvâmes, en avançant toujours, dans une délicieuse avenue, pleine d'ombre, de paix et de fraîcheur, dont les gracieux contours nous ouvraient à chaque instant des perspectives nouvelles, et dont le charme pénétrant me jetait dans des rêveries bien différentes des idées qu'inspire un port de commerce.

Enfin, après trois heures de cette promenade romanesque à laquelle j'étais loin de m'attendre, le canal se trouva tout à coup fermé devant une plage étroite où trois ou quatre hommes armés de cartouchières nettoyaient une jolie embarcation à quatre rames. Au-dessus de la plage, on apercevait une place carrée entourée de quelques maisons à galeries : c'était Realejo. Il est impossible d'être plus désenchanté que je ne le fus. La plage pouvait à peine donner place à quatre petits bateaux comme le nôtre. Un chaland abandonné occupait presque toute la largeur du passage ; ce passage n'avait pas plus de 1ᵐ50 de profondeur, et à la distance où il se trouvait de San-Fernando et de Punta-Icaco, on se demandait naturellement comment une ville ainsi placée pouvait être une cité maritime.

Quoi qu'il en soit, je mis pied à terre, à six heures, après huit heures de navigation, et je traversai la place pour aller trouver l'administrateur de la douane, à qui j'étais recommandé. Mais alors je découvris une véritable petite ville charmante qu'on ne pouvait deviner du bord. C'était le pendant de Nindiri, avec des maisons au lieu de chaumières, et le meilleur hôtel que j'eusse encore rencontré au Nicaragua. Mon administrateur m'assura qu'elle contenait à peu près 500 habitants, et qu'avant la guerre elle était le centre d'un commerce assez important avec les côtes sud du Pacifique et même avec l'Europe par le cap Horn.

Aujourd'hui, il n'y arrive plus que trois ou quatre navires par mois et, si l'insécurité continue et que libre carrière soit laissée aux mangliers pendant dix ans, Realejo pourra rester une jolie petite ville pleine de calme, de fraîcheur et de salubrité, quoi qu'on en dise, mais elle ne sera plus un port de mer.

19. — Je devais repartir le soir pour Léon dans le canot du gouvernement, que l'administrateur de la douane et le commandant supérieur avaient mis à ma disposition. Mais au moment où j'allais sortir de l'hôtel, il se mit à pleuvoir avec une intensité telle qu'en un moment les rues devinrent des

mares et que je fus obligé d'attendre. C'était la première
on lée depuis six mois et le début brillant de la nouvelle
saison des pluies. On m'attribuait gracieusement ce bienfait
de la Providence, venu trois semaines avant l'époque ordinaire et venu très à propos pour les terres altérées et les
arbres séchés jusqu'à la racine. En attendant, je dus renoncer
au projet de redescendre le canal avec la marée, et il fut convenu que nous ne partirions qu'à une ou deux heures du
matin, quand le ciel serait parfaitement éclairci.

A une heure donc, j'étais debout, très excité par l'excellent
café de mon hôtesse, et j'allai frapper à la porte du bien-
veillant administrateur. Toute la ville dormait après l'orage,
et je n'apercevais de la lumière qu'au bout de la maison la
plus proche de la plage, dans une chambre garnie de fusils,
qui devait être le poste militaire de la ville. En effet, ce fut
à ce poste qu'on alla chercher cinq soldats pour faire le
service de l'embarcation. Nous traversâmes la place de
Realejo à la lueur de leur lanterne ; je m'installai dans le
canot du gouvernement auquel on amarra la petite barque dans
laquelle j'étais venu ; quatre jeunes rameurs indiens écar-
tèrent le chaland qui barrait le passage, allumèrent leur
cigare à la lanterne avant de l'éteindre, et, une fois plongés
dans une obscurité noire, enlevèrent vigoureusement le
canot et me ramenèrent dans ces mêmes avenues de mangliers que j'avais traversées de jour sous une étrange impression de rêveuse mélancolie.

— Retour. Fraîcheur du matin. Le soleil levant, les montagnes et le Viejo. Le Pacifique illuminé des premiers rayons.
Le bondissement des vagues sur la fausse entrée. L'*Estero*.
Haute mer. Canal plein. Racines disparues. Les crocodiles
qui boudissaient. La mer venait jusqu'au débarcadère, et je
compris alors comment le gros chaland pouvait descendre et
remonter.

— Le temps était divinement frais et doux. L'eau, que les
rames troublaient seules en l'irisant de lueurs phosphores-
centes, semblait immobile comme une nappe d'huile dans
laquelle se reflétaient en masses noires les silhouettes ombrées

des deux rives. L'âme humaine a des sensations nouvelles pour toutes les positions et des rayonnements intérieurs pour tous les contrastes du dehors. J'étais à quelques encâblures seulement du Grand Océan, dont les eaux soutenaient ma solitaire embarcation, à trois mille lieues de mon pays, perdu dans cette lagune inconnue, portant dans mon sein tout un monde de projets immenses, conduit par cinq ou six hommes que je n'avais pas vus, dont j'entrevoyais à peine les mouvements réguliers à travers les brumes de la nuit. Je ne sais quel vague de tristesse et d'émotion me monta au cœur. Tous les désirs de bonheur intime qui sont au fond de nos agitations et le secret mobile de notre activité se pressaient, confusément, mais avec une intensité violente, dans mon imagination et jusque sur mes lèvres. Je vis passer des images chéries, j'entrevis sensiblement et jusque sous sa forme matérielle l'inconnu des rêves ardents, coloré de toute la puissance des désirs inassouvis, et peut-être de toutes les flammes de la zone tropicale ; et, ployé sous le faix de ces pensées du soir qui brûlent l'âme ou qui la fondent, je me courbai sur la poupe de la barque silencieuse et je pleurai.

VI

Retour à Greytown par le grand lac et le fleuve San-Juan.

De retour à Léon le 19, à deux heures. A cinq heures, la pluie, pluie torrentielle, dont je n'avais aucune idée. Les enfants de 10 à 12 ans, tout nus, s'ébattent dans l'eau. Les palmes bénies. Couronnes dorées. Souvenir des prêtresses antiques.

Félix Rouda, 147 ans, né en 1711, a tout vu et tout retenu. Marié quatre fois. Un enfant de 7 ans qu'il a eu à 140 ans. Son registre de naissance est le plus curieux de l'église de Tipogalpa. Vie sobre : tortille, viande et fromage. Jamais de liqueurs. Phénomène de résurrection. Réchauffé au soleil. Trois ans aveugle. Ses yeux se rouvrent, mais de noirs ils étaient devenus gris, et de grands petits.

C'est l'objet du respect de tout le pays. Il était l'esclave du trisaïeul du général. Il a été affranchi par l'indépendance, mais il n'a pas voulu sortir de la maison.

Il travaille toute la journée, et fait sans peine jusqu'à 25 lieues à cheval par jour.

Il y a d'autres exemples de longévité dans le pays, mais moins remarquables que celui-ci.

22 mai. — J'ai fait mes adieux au général, que j'avais trouvé très froid dans l'intervalle. Il s'est montré plus affectueux en me quittant. Il m'a chargé, du reste, de plus de pouvoirs extraordinaires que je n'en voulais.

Comme le président Mora, c'est lui qui a bâti la maison actuelle du gouverneur, à la place de celle brûlée par les flibustiers. Elle était à peine terminée quand je suis arrivé.

J'aurais voulu passer par Tipitapa. Mais j'ai reculé devant

la fatigue d'une journée de 8 lieues, et d'une autre de 12
pour aller à Grenade. Il n'y avait pas d'embarcation pour
m'y conduire par eau. Cette malheureuse guerre a tout
détruit. Les deux jolies embarcations du gouvernement ont
été brûlées par les flibustiers.

— A cinq heures du matin, déjeuner à Massaya, chez
M. Ignazio Padilla, dont la femme serait belle partout et se
met avec plus de goût que n'en ont ordinairement les Nicaraguiennes.

— Arrivé à Grenade à sept heures du soir, après avoir vu
le lac d'Appoio.

D'après M. Bénard père, le saut de Tipitapa [1] a 5 à 6 mètres
de haut et 8 à 10 mètres de large au plus. Dans la saison
d'été, il n'y a presque pas d'eau, et la cascade est imperceptible, elle suinte plutôt qu'elle ne tombe. Dans la saison des
pluies, elle redevient cascade.

Deux belles jeunes femmes de Grenade, de race blanche,
s'habillaient ce matin, après le bain, sur le bord du lac.
Trois jeunes gens de race indienne, étendus sur le sable,
presque à leurs pieds, les regardaient avec d'autant plus de
complaisance que, pour ces gens blasés sur la forme, la
blancheur de leur teint devait être un attrait puissant. Or,
sous le feu de ces regards qui les touchaient presque, les
jeunes Espagnoles n'éprouvaient ni honte ni embarras. Elles
étaient sorties de l'eau comme tout le monde en sort, et elles
se laissaient paisiblement détailler à demi nues par ces trois
témoins de vingt-cinq ans, comme s'ils eussent été des témoins
de bois ou d'argile. Mais tout à coup le cheval d'un étranger
débouche à cent pas de là. Aussitôt la pudeur endormie se
réveille, et quoiqu'elles fussent alors presque entièrement
habillées, elles se jettent derrière un bouquet d'arbustes
pour échapper aux yeux de l'inconnu. J'examinais cette scène
du fond d'une barque où précisément j'attendais l'étranger
et où je ne pouvais être vu.

La pudeur ne s'éveille donc sérieusement ici qu'à la vue

[1] Chute d'eau entre le lac de Managua et le lac de Nicaragua.

de l'étranger. La même femme qui sort de l'eau entièrement
nue, son amphore sur la tête, en présence de vingt indigènes
qu'elle ne connaît pas, et qui s'aperçoit si peu de cet état
qu'elle demande du feu à l'un de ses voisins pour allumer
son cigare, cette même femme s'empressera de se rejeter à
l'eau si un Européen se montre sur la plage. Si une fille de
grande famille voit entrer cet Européen sous son toit, elle
s'enfuira pour ne pas être vue, tandis qu'elle se livre tous les
jours, le sein nu, aux regards de cent personnes du pays,
habituées ou non habituées de sa maison.

— Grenade en train de se rebâtir. Lézardée par le tremblement de terre. Des maisons en paille fermées d'un rideau.
Une église. Chaumière. Trois cents femmes avec des plats en
bois. Fête à la lueur de la lune. C'est la sainte Vierge qui
le demande. On ne refuse rien à la madone. Brouhaha de
ces centaines de femmes. Enlèvement rapide des décombres,
jetés je ne sais où, ou plutôt n'importe où.

Promenades à cheval autour de Grenade. Des sentiers de
furet à travers d'épais brouillards couvrant un terrain mame-
lonné. Ces mamelons sont des monceaux de décombres,
ces sentiers sont ce qui reste de rues populeuses. Entré à
cheval dans plusieurs maisons dont il ne restait plus que des
tronçons de murailles. On voit encore le bas des fenêtres
et un pavé de briques carrées.

On apprend la mort de M. Miloredo. Stupeur générale.
Vingt-cinq ans de travail et la mort. Mangé par les crocodiles.

Il fallait songer à partir. Le vapeur n'était pas encore
revenu. Je décidai que je partirais en canot. Arrangements en
conséquence. 300 francs pour Greytown.

La veille de mon départ, le 27, l'acte provisoire de transit [1]
a été signé par moi, par le général Chamorro, par M. Bénard,
par M. Fernando Gusman et par M. Anselme Rivas.

29 mai. — Parti hier, 28, à deux heures, de Grenade à cheval avec le colonel Augustin Bénard. Arrivé aux Cocas à quatre

---

[1] Constitution d'une société internationale pour l'exploitation de la ligne
de transit.

heures. Dîner aux Cocas. Parti ce matin à bord d'une embarcation noire avec une large bande blanche pour ceinture.

Vent violent. Vagues peu rassurantes. Je vais à cheval aux Cocas, le long du bord... Passé la nuit sur un sable blanc et gris, chargé de mica.

On voyait toujours la silhouette de l'Ométépé.

Voir la rivière de Tipitapa [1]. Impossible. Les broussailles et les bois forment une barrière impénétrable. Les Cocas, qu'on voit de loin. Cinq ou six maisons sur le bord. Population qui manque de tout, mais qui paraît heureuse parce qu'elle n'a besoin de rien.

On dort sur le sable. Beau clair de lune. A trois heures du matin, on pousse le navire. Le vent était tombé. La mer paraissait calmée. Levé l'ancre.

Lever de soleil derrière les montagnes des Choutalès. Le ciel teint en orangé vif, puis des lueurs rouges dans le ciel, puis une bande de nuages blancs produits par le volcan du Massaya. L'Ométépé dans les brumes. Son sommet seul visible. Montbacho. Tapatera. La presqu'île de Montbacho produit le même effet montagneux que celle de Massaya. Ce sont des défilés à traverser, mais on peut les tourner.

Le volcan de Massaya toujours visible par l'immense entassement de vapeurs blanches et de rouges flammes.

Je croyais la côte des Choutalès montagneuse. Elle est au contraire très basse, moitié terre d'alluvion, moitié sable, et couverte d'une végétation qui me paraît peu vigoureuse.

Notre barque s'amarrait à 250 mètres. Les hommes sont nus, de race indienne mêlée de nègre. Très bien faits. Un timonnier et cinq matelots. Des plaies aux jambes, quelques-uns. Mais d'une paresse !

Charmants coquillages roses sur la plage. Dans tout le pays, ornithologie merveilleuse. Oiseaux de toutes couleurs en abondance extraordinaire.

A six heures du matin, arrêt sur une pointe de sable.

---

[1] Cette rivière, d'après les trois projets qui utilisaient le lac de Managua, devait servir de canal entre ce lac et celui de Nicaragua.

Une exploitation de bestiaux. On ne vend pas le lait, on le donne. Maison de la plus simple expression. Juste la place de deux lits par terre. Café au lait délicieux.

Deux heures et demie pour avoir à déjeuner. J'ai beau m'impatienter, rien n'y fait.

Ramé, puis à la voile quand le vent se lève. Tous les matelots étendus sur le pont, dans le costume d'Adam au paradis terrestre. Un seul au gouvernail qui ne dort pas.

Moi, j'écris comme je peux. Je fais l'acte du transit.

Presque le mal de mer. Balancement. Je m'étonne que des navires ainsi conduits ne chavirent pas presque tous les jours.

Le temps est devenu si mauvais qu'il a fallu s'arrêter à terre à dix heures sans avoir fait le quart d'une journée. Grâce à l'imprévoyance ou à l'insouciance systématique de mes Indiens, on avait perdu deux heures et demie le matin, quand le temps était magnifique. Il fallait perdre encore le reste de la journée. J'étais furieux, mais que faire ? On amarra l'embarcation, comme toujours, à 200 mètres du rivage, et il fallut me laisser transporter sur le dos du plus vieux de mes matelots. Voyage peu amusant et qui faillit plusieurs fois me faire prendre un bain peu agréable dans le voisinage de caïmans.

La côte était, comme toujours, très basse et couverte d'un bourrelet de coquilles bivalves d'un blanc d'argent, dont la nacre, polie par un ressac incessant, s'irisait parfois des plus vives couleurs. Il y en avait de telles quantités qu'on eût pu facilement en remplir des fours à chaux. Le sable à gros grains.

A deux cents pas de là, nouvelle chaumière indienne, avec des bœufs, des cochons et des poules, et la peau d'un tigre tué récemment.

J'avais fait mettre beaucoup de provisions dans la barque. Douze bouteilles de vin de Bordeaux, plusieurs pains, une quarantaine d'œufs et huit poules avec du maïs pour les nourrir. Mes Indiens commencèrent à manger le maïs et à ne pas s'occuper des poules. Celles-ci trouvèrent ma place plus commode que la leur, et elles l'infectèrent à tel point

que je ne savais plus où me mettre et n'osais plus rien
toucher. Je me fâchai. Je les fis jeter à l'avant. On m'obéit
un moment. Mais ces pauvres bêtes, chassées par la faim,
revenaient toujours là où elles espéraient trouver quelque
chose. Je demandai qu'on leur attachât la patte à l'avant et
qu'on trouvât quelque chose à leur donner, fût-ce une banane.
Le patron dit oui; les deux plus jeunes Indiens rirent de mes
préoccupations, et les poules ne furent ni attachées, ni
nourries. Quand il fallut quitter le navire et venir à terre,
je demandai au patron s'il y avait du maïs dans la case que
j'apercevais.

« Oui, me répondit-il.

— Combien faut-il pour en acheter pour nourrir les poules?

— Un réal.

— Eh bien, en voilà deux, mais dépêchez-vous, car si elles
ne mangent pas aujourd'hui, elles seront mortes demain. »

Il prit les deux réaux, alla à la maison, causa avec les
habitants, y resta six heures à manger des bananes et à dire
des sottises, et revint sans maïs.

Nous étions à peine en face de Grenade.

Quand, le soir, je rentrai dans le bateau, ce que j'avais
prévu s'était réalisé. Les poules, dont on avait mangé le maïs
et qu'on s'était bien gardé d'attacher, parce que c'était une
occupation de cinq minutes, s'étaient installées sur mon lit de
feuilles sèches et l'avaient entièrement souillé. Je montrai,
indigné, ce résultat au patron. Il ne comprit pas. Je ne pus
alors me contenir: je pris les poules l'une après l'autre et je
les jetai à l'eau avec la plus grande partie du lit de feuilles
si précieux, au-dessous duquel il n'y avait que des rondeaux
de bois. Cette exécution, faite en un clin d'œil, parut produire
une certaine impression, mais une impression de regret pour
les poules, qu'on chercha à rattraper et dont on rattrapa deux,
en effet, pour les manger. Ils leur attachèrent les pattes, les
jetèrent à fond de cale et tout fut dit.

Ces Espagnols disent toujours: *Nous verrons cela demain.*
Mais ce demain n'arrive jamais.

30 mai. — A force de colère et d'indignation, je suis par-

venu à les faire remonter sur le bot. On a ramé deux heures, hier soir, au clair de lune, et ce matin à quatre heures.

Puis, le vent du nord s'étant un peu levé, on a tendu une voile sur deux mâts, juste quand le soleil se levait derrière les collines.

En approchant de l'Isla-Grande, ou plutôt du groupe d'îles vertes de ces parages, — nous n'avons pas fait le dixième du chemin, — la côte s'élève tout à coup, les montagnes se rapprochent du bord et nous passons devant des mamelons pittoresques qui baignent leur pied dans le lac. Ces îles sont charmantes et très boisées.

Déjeuner à l'Ile-Grande. Ile volcanique.

Trois heures et demie pour déjeuner. Mes colères recommencent. Mer superbe. Nous partons à dix heures.

On voit toujours la colonne du volcan de Massaya. Mais les côtes du nord ont disparu.

Cette Ile-Grande est grande comme la main. C'est un simple mamelon boisé, de forme ovale et assez saillant sur l'eau.

En approchant de la pointe Mayali, le bot s'arrêta tout à coup. Nous étions à un mille au moins de la côte. Les matelots sautèrent dans l'eau, qui ne leur allait que jusqu'aux cuisses, et ils conduisirent le bateau comme une charrette pendant un quart d'heure, puis il jetèrent l'ancre. Le fond était une vase noirâtre.

L'eau du lac était actuellement claire. Au moindre vent, elle devient jaune et sale, tant s'y trouve de vase.

Il n'a pas la profondeur d'un mètre à un mille du bord, sauf sur quelques points, tels que les rampes de montagne.

Les bords bas sont revenus, presque aussitôt après l'Ile-Grande. Seulement, on aperçoit la montagne de plus près.

31 mai. — Il a plu un peu cette nuit.

Je me suis trouvé ce matin vis-à-vis de l'île Ométépé. Devant une côte très basse, à travers le rideau des arbres, j'apercevais de l'eau ou du brouillard ; puis, bien loin, des montagnes médiocres.

Évidemment, si l'eau du lac était salée, il y a longtemps

que le lac ne serait qu'un long et large canal ; ses bords, envahis par les mangliers jusqu'à plusieurs milles en mer, formeraient aujourd'hui un véritable sol d'une fertilité sans bornes.

— Hier au soir, je regardais les montagnes. Le bot marchait à la voile. Le plus vieux de ces démons rouges me dit :

« Il y a beaucoup d'or, là-bas.

— Je le sais. Qu'est-ce que cette île ?

— L'île de Poderosa. »

Elle n'est pas marquée sur les cartes.

— La côte est si basse qu'elle ne se dessine que par des silhouettes d'arbres rangés en bataille et qu'on dirait plantés dans l'eau.

Je ne vois plus le volcan de Massaya, mais j'aperçois encore dans un lointain vague le Montbacho et l'île montagneuse. Les deux montagnes de l'île Ométépé semblent former deux îles séparées. On voit toujours la vapeur du Massaya s'étendre en guirlande blanche sur toute la côte occidentale.

En approchant de la pointe Poderosa, je vis plusieurs chevaux dans un espace vert, puis une apparence d'habitation humaine. Ce fut vers cette habitation que le canot se dirigea. En approchant, je vis que la pointe était formée de roches volcaniques entassées et qui dessinaient des lignes droites jusqu'à une certaine distance dans l'eau. La pointe était très étroite. On voyait la mer de l'autre côté, à travers les arbres. Nous abordâmes comme à l'ordinaire à quelque cent brasses du rivage. Sur le bord, de gros arbres, un hamac, du linge étendu. Un bateau en réparation. Un ménage blanc et un ménage indien. Trois jolis enfants blonds frisés. Le plus grand mis avec un pantalon blanc et une vareuse bleue. Une femme blanche allaitant le plus petit. Un homme jeune, vigoureux, belle figure intelligente, faisant un gouvernail avec une hache.

Mais pas trace de maison.

Seulement un petit hamac pour bercer à l'indienne.

C'étaient des Hollandais. Ils m'offrirent ce qu'ils avaient...

Braves gens, travailleurs comme tous les Européens, trouvant le pays magnifique et très curieux de savoir ce que l'Europe allait en faire.

Trois heures de déjeuner. Le patron est à la pêche. Je me fâche. J'argue, pour la première fois, de ma position de ministre.

— « C'est la coutume du pays. »

Le Hollandais, qui pouvait bien être un Américain, leur fit les plus justes observations. Il me représenta comme un homme important dont les moments étaient précieux, et qui avait d'ailleurs l'engagement formel du colonel Bénard d'être arrivé à Greytown le 2 juin, à six heures du soir.

« Ce n'est pas possible, disait le patron, nous ne pouvons pas travailler davantage.

— Mais pourquoi rester des trois heures à déjeuner ?

— C'est la coutume du pays. »

On ne put rien en tirer de plus. J'étais dans une colère que tout le monde comprendra. Les matelots semblaient se révolter individuellement contre ma prétention d'aller plus vite comme contre une intolérable tyrannie. Je vis le moment où ils me laissaient sur la plage maugréer à mon aise, et retournaient tout uniment à Grenade. Heureusement, l'embarcation appartenait au commandant du fort San-Carlos, et il fallait aller au moins jusque-là. Et puis, j'avais affaire à une race hostile à tout travail, à tout effort, à tout engagement, mais aussi, faible de cœur et volontiers soumise à la force. Or, quoique seul, quoique sans arme, quoique peu terrible de figure et d'apparence, je représentais la force. Je parlai en maître, je montrai une décision d'allure et un commandement de paroles et de regard qui finirent par entraîner patron et équipage. Le plus vieux des matelots, qui avait d'abord manifesté comme les autres sa mauvaise humeur, vint m'offrir ses larges épaules pour retourner à l'embarcation ; les autres ramassèrent provisions et ustensiles, et un quart d'heure après, tout le monde ramait ; debout sur le toit de mon bot, je doublai la pointe des rochers de Poderosa et j'entrai dans une passe demi-circulaire qui séparait la terre ferme d'un fouillis d'îles boisées qui ne sont marquées sur aucune carte.

Quels tristes gens que ceux de mon équipage! Ne sachant ni tenir un gouvernail, ni manier une rame, ni exécuter une manœuvre. Indifférents sur tout. Se laissant aller dans la vase, lorsqu'il serait si facile de l'éviter. Dormant toute la journée. Ramant en dormant. Mangeant quand ils ne dorment pas. Désespérant la bienveillance la plus entière par leur inertie et leur absence de tout. Ils ne rament pas en moyenne deux heures par jour; le vent et la voile font le reste; et pourtant ils ont toujours l'air épuisé. Leur posture ordinaire est d'être étendus tout nus sur les bancs, dans les attitudes les plus cyniques. Quelle différence avec les nègres indiens du Nord, qui descendent cependant des anciens Caraïbes, mais à qui le contact des Anglais a appris la valeur du temps et le prix du travail!

La faute en est à cette race hispano-américaine qui a mérité, par son indolence, la dépossession dont les menacent les États-Unis. La faute en est aux hommes comme le colonel Bénard, qui s'accommodent de tout, ne mettent aucune différence entre un bon et un mauvais service, et n'encouragent aucun mérite.

Il y a une île longue au milieu du groupe, qui est beaucoup plus grande que l'Ile-Grande, quoiqu'elle ne soit pas marquée. Toutes ces cartes sont à refaire.

De temps en temps, il pleut, mais ça ne dure pas. En revanche, comme le temps est couvert, on ne s'aperçoit pas de la chaleur.

Ces Indiens mêlés de nègre ont des figures ordinaires qui ressembleraient à tout le monde, sans leur teint de bronze rouge et leurs cheveux très noirs et très frisés. Le plus vieux a la lèvre fendue d'un coup quelconque.

Ma première impression, en voyant le séjour de mon brave Hollandais et son hamac entre deux arbres, a été de songer aux gravures de René et d'Atala, où une Indienne berce son nouveau-né dans un berceau d'écorce suspendu aux branches séculaires d'une forêt vierge.

Une vieille voile, tendue en toiture contre une traverse, servait de magasin au ménage; il y avait là quelques ustensiles, des assiettes, du fromage blanc et un tas de bananes. On me donna du café qui, par malheur, était réchauffé, et par conséquent ne valait rien.

Toutes ces îles paraissent avoir une origine volcanique, de date fort ancienne. Toutes sont défendues par une fortification naturelle de roches noires entassées, qui ordinairement s'avancent à quelque vingt mètres devant elles, comme des jetées circulaires. Les caps mêmes, très nombreux, de cette partie de la côte, accusent la même figure et la même origine. Il en résulte une ligne, ou plutôt une suite de lignes fort hérissées qui font de la côte des Chontalès un feston très irrégulier et très inégal.

Inutile de dire que ces îles sont inhabitées. Leur seule population est un personnel de poules d'eau, de hérons aux longues échasses, de canards sauvages, de pluviers, d'oiseaux blancs de toute taille, qu'on voit marcher gravement sur la plage, sûrs que personne ne viendra les déranger. De pareils refuges seraient le paradis d'un chasseur. Je ne sais pas s'il en vient souvent dans ces parages. Mais je sais bien qu'il en faudrait des milliers pour suffire à la prodigieuse quantité de bécasses, de grosses perdrix grises, etc., que j'ai rencontrées sur tous les chemins du Nicaragua.

Les bras manquent partout. Il y a des régions grandes comme nos départements sans un seul habitant.

Comment l'entrepreneur pourra-t il faire le canal avec les ressources du pays ?

Il fait un temps très doux, un peu couvert, mais la mer est molle et calme. Un petit vent pousse le navire.

1er juin. — A six heures du matin devant San-Fernando. Il a plu une partie de la nuit, et j'ai été obligé, pour la première fois, de me servir de ma couverture. Nous voyons encore les deux cônes d'Ométépé. Le temps est couvert et la mer est douce.

Les montagnes sont plus éloignées que jamais ; beaucoup d'entre elles affectent la forme conique.

Je n'ai trouvé du sucre raffiné dans les deux républiques de San-José et de Grenade que chez M. de Vars, chez

M. Mestayer, à Rivas, et à bord du *Saint-Vincent de Paul*.

Partout cassonade solidifiée.

M. Deekson doit établir une raffinerie.

— Rames ridicules, formées de petites planchettes triangulaires, d'un pied de long sur cinq pouces de large, mal clouées au bout d'un bâton, se détachant souvent.

Les plus jeunes sont les plus endormis.

On n'aperçoit plus le Montbacho et l'île voisine. La côte est très boisée. San-Fernando aussi. Le temps s'élève à sept heures.

Deux maisons en paille et des laveuses, au fond de la baie, couronnent les pilotis de pierre d'une jetée. Les traces de volcans continuent.

La côte redevient forêt vierge. Au nord, elle était sablonneuse et sèche; ici, elle est charmante, et les pierres noires semblent lui former une ceinture.

Il avait surgi depuis deux heures à l'horizon, au sud-ouest, une grande île entourée de plusieurs petites. Je la prenais pour l'île Sonate. Je demandai à tout risque ce que c'était. On me dit la Solentiname. J'eus un mouvement de joie. Solentiname est vis-à-vis San-Carlos.

Arrêté sur une plage inondée. C'étaient bien des sauvages moins les plumes et les flèches, plus le chapeau de paille.

— Grosse pluie torrentielle. Je suis inondé, le sucre fondu, le pain mouillé.

Le temps se remet. Le lac se calme. Magnifique nappe d'eau, lisse comme un marbre sur lequel courraient de petites rides. Au fond, du côté du Pacifique, il me semble apercevoir plusieurs îles près de la terre, dans une éclaircie qui entoure l'horizon.

Il me semble aussi, vers le sud, entrevoir les montagnes bleues du Guanacaste.

Les rochers noirs continuent avec leurs pilotis de jetée.

Il fait un temps de printemps, le thermomètre marque 22°.

2 juin. — Ma dernière scène sur les roches noires a produit son effet. On a beaucoup plus travaillé hier. On a fait presque autant de chemin que les trois jours précédents. Je sens que j'approche du but. Je leur avais d'ailleurs donné

une bouteille de café. Ils ont chanté, presque toute la nuit, de petits chants à deux voix, assez bien accordées. Les voix n'étaient pas souples, mais le sentiment musical y était. Ces chansons parlaient d'amour pur, d'amour unique, d'amour éternel, comme les nôtres. Évidemment, ce n'était pas de l'indien, mais du castillan. D'autres étaient très gaies et très libres, à en juger par l'hilarité générale, car je ne savais pas assez leur langue pour comprendre les détails.

A force de chanter de leurs voix criardes, ils m'ont fait passer une très mauvaise nuit.

Depuis hier, les montagnes ont tout à fait disparu, je n'aperçois à gauche qu'une côte plate.

En avançant, sur les huit heures du matin, je n'avais plus qu'une pointe à doubler pour voir San-Carlos. Le temps couvert avait resserré la ligne d'horizon, surtout du côté du Pacifique; je ne voyais de ce côté qu'un chapelet de petites îles boisées qui faisaient suite à la Solentiname. Quant au Guanamaste, je ne le devinai devant moi que par une ligne d'arbres alignés dans l'eau et derrière lesquels, sans doute par un effet d'optique, la lagune semblait se prolonger à l'infini.

Le sol de San-Carlos est formé par une succession de petites ondulations très basses qui viennent expirer sur le bord.

On a hissé les bannières nicaraguiennes, une bande blanche entre deux bandes bleues horizontales.

Au bout d'une heure et demie, nous doublons la pointe. La côte sud présentait une couleur noire et uniforme qui supposait une plaine sans fin.

A cette pointe était une espèce de redoute faite de palissades murées et démantelées. Une guérite au sommet et un factionnaire. Ce n'était pas le fort San-Carlos. Il se montrait sur une autre pointe, plus éloignée de deux cents mètres, au bas de laquelle je voyais une quinzaine de maisons de bambous couvertes de chaume et une espèce de port occupé par trois ou quatre embarcations. Il y avait un certain mouvement sur cette plage, mouvement auquel les ports de

Nicaragua ne m'avaient pas habitué. Une espèce de chaland plein de ballots venait d'arriver de Greytown et on s'occupait à le décharger pour lui faire payer les droits de douane.

J'avais trois lettres pour le commandant. Je fis ma plainte, on me conduisit dans son quartier, où il n'y avait qu'une table couverte d'un tapis, deux ou trois chaises et un hamac.

La pointe a été attaquée par Nelson en 1780 et quelques. Le vieux nègre de Léon s'en souvenait très bien.

Trois redoutes et un fort. Au delà de la pointe, le fleuve. Un canon de 24 en fer à la redoute de la pointe ; trois petits canons à une autre qui regarde le fleuve et quatre canons de 24 au fort qui commande le port et qui a une position formidable.

Le fleuve n'a pas de pente. Très large, très ample. Pluie averse.

C'est la douane principale du Nicaragua. Elle a produit 14,000 piastres dans les mois de février, de mars et d'avril. 16 p. c., ou plutôt 20 p. c. avec les frais.

Reparaissent bientôt ces merveilleux panaches qui m'avaient d'abord tant charmé. Avec le fleuve, presque une autre nature, plus grandiose.

Le rio Frio n'était pas loin de l'entrée. On voyait son embouchure dans une courbe de terrain.

Ces panaches avaient des plumes jaunies ou rougies par l'automne tropical, ce qui ajoutait un charme de plus. Ils bordaient le fleuve des deux côtés avec une magnificence sans égale.

C'était parfois un vrai bras de mer.

Mon opinion est que le fleuve conserve le niveau du lac jusqu'aux rapides. Il n'y a aucune pente, et comme les côtes sont basses, ce niveau excessif inonde le pays dans la saison des pluies et produit des deux côtés des marais pestilentiels. En donnant un courant rapide, on creuserait le lit du fleuve, on élèverait les côtes et on assainirait notamment la côte du Guanacaste, qui, dans les conditions actuelles, est absolument inhabitable.

Je jugeais du peu de pente par l'immobilité à peu près complète dans laquelle restait la barque quand on ne ramait plus.

— Iles immenses qui laissaient des canaux étroits pour passages. On nomme l'une l'Ile-Grande, je crois, et elle mérite mieux ce nom que celle du lac.

Les côtes étaient si basses, qu'on ne les voyait pas. Leur niveau devait être au-dessous de l'eau, à en juger par la végétation, qui n'avait pas de base. Cette végétation manquait de grandeur. Elle n'était remarquable que par ces délicieuses aigrettes des bananiers dont les palmes vertes, jaunes, oranges ou rouges se courbaient jusque dans le fleuve.

La grande végétation n'a commencé qu'en approchant du rapide du Toro, le premier qu'on rencontre en venant du lac.

J'éprouvais une très vive curiosité à l'égard de ces fameux rapides. Je savais que de tout temps ils avaient présenté un obstacle à la navigation, et que cependant les embarcations à rames les descendaient et les remontaient sans danger. Je m'en faisais donc une idée assez indécise.

Les crocodiles, en entendant le bruit des rames, se jetaient à l'eau. On les voyait sauter, mais sans voir qui sautait. C'était le jaillissement de l'eau qui nous avertissait, comme dans l'estéro de Realejo.

A San-Carlos, 60 habitants et 45 soldats; les fortifications sont dans un si mauvais état, qu'on peut dire qu'elles ont besoin d'être refaites ; le dessin seul en reste. La position est du reste superbe. Aucune carte n'indique avec certitude cette position qui commande l'entrée du fleuve jusqu'à deux milles au delà, et qui domine à la fois une campagne en partie inondée dans les hautes eaux, le lac demi-circulaire et la côte de Guanacaste jusqu'au rio Frio [1].

[1] Voir *A travers l'Amérique centrale*, t. I, p. 177, et t. II, p. 260 et 369. M. Belly devait s'arrêter à l'idée de faire de San-Carlos « l'emplacement de la métropole centre-américaine ». C'est là, en effet, que l'année suivante (mars-mai 1859) il allait établir une première colonie, d'après les principes de liberté modernes, voyait se tripler la population et la valeur des

J'apercevais devant moi, dans le lointain, une ligne de montagnes qui devaient être les monts Waupers. 2,700 pieds.

Tout le pays doit être en grande partie inondé.

Le Guanacaste s'appelle Moracia, et sa capitale Libéria.

Quand je me suis plaint à San-Carlos de la conduite de mon équipage, j'ai entendu de toutes les bouches la parole sacramentelle :

« C'est la coutume du pays !

— Mais ils ont fait hier autant de chemin que dans les trois jours précédents.

— Ils ne savaient pas d'abord qui vous étiez.

— Ils ne vont donc jamais plus vite ?

— Jamais, monsieur le ministre. Le *courrier* lui-même met cinq jours pour venir de Grenade jusqu'ici. »

Il me vint sur les lèvres que leur courrier était un messager boiteux, mais la plaisanterie n'aurait pas été comprise. Je me suis borné à demander qu'on donnât les ordres les plus pressants.

« Vous serez demain à trois ou quatre heures de l'après-midi à San-Juan, et l'on voyagera toute la nuit. »

Il y avait là un capitaine de commerce qui commandait précisément l'embarcation arrêtée près de la mienne. Il me plaignait de tout son cœur, mais il m'exhortait à la patience.

Je n'avais que du pain à manger. J'ai demandé quelques provisions préparées. A San-Carlos, il n'y avait rien que du biscuit et de l'eau-de-vie. J'aurais pu obtenir un poulet, mais il fallait une heure et demie pour le faire cuire. J'ai mieux aimé partir tout de suite, et je me suis contenté de ma rôtie de vin sucré.

Quelque chose peut donner une idée du peu de pente du San-Juan. Il a fallu, à quatre rameurs vigoureux, trente-deux heures d'un travail continu pour faire les quarante-cinq lieues de la rivière. Une lieue et demie par heure ! J'en faisais le double dans le lac quand il y avait un peu de vent.

propriétés, et commençait l'exploration de la ligne de percement. (Voir t. II, p. 265 et suiv.)

L'équipage s'étant arrêté au milieu de la rivière pour dîner, un soldat restant au gouvernail, je constatai, par les arbres de la rive, que le bateau, abandonné à lui-même, n'avait fait qu'environ 24 mètres de chemin dans l'espace d'un quart d'heure. Évidemment, une pente aussi insignifiante explique tous les envasements, et aucune rivière de France ne la supporterait sans dommage.

3 juin. — J'éprouvais donc une très vive curiosité à l'égard des rapides. Je voulais surtout juger par moi-même du degré de résistance qu'ils opposaient à une navigation régulière. Mais cette fois encore, mon impatience ne fut pas servie à souhait. Me fiant aux indications des cartes, je m'attendais, de minute en minute, à les voir paraître. Toute l'après-midi se passa ainsi. Le fleuve coulait toujours à pleines rives, mais calme et limpide comme un miroir, entre deux bordures vertes serrées comme des charmilles et impénétrables au regard comme à l'homme. A la fin, je demandai à Santiago quand nous arriverions au Toro.

« A la nuit, » me répondit le patron.

J'étais démonté. Je fis cependant bonne contenance. Je m'installai sous le toit même de mon refuge et j'attendis que la nuit vînt.

Elle était venue depuis trois heures et, dans l'absence d'étoiles et de lune, je distinguais à peine le brillant de l'eau des masses noires de ses rives, quand un de mes démons noirs m'avertit qu'il fallait m'asseoir plus bas.

« Pourquoi ?

— Nous arrivons au Toro !

— Et y a-t-il du danger?

— Oui, il y a beaucoup de courant et beaucoup de pierres. »

Je regardai alors de tous mes yeux pour ne rien perdre de ce courant et de ces pierres. On rame encore deux à trois minutes, puis le même matelot me dit:

« Voilà le Toro.

— Où donc?

— Il est passé. »

Je n'avais rien vu qu'une eau un peu moins lisse qu'ailleurs, comme si, au-dessous, quelques grosses pierres produisaient à la surface un léger remous. Mais le bateau lui-même n'avait rien heurté dans sa marche, et si je n'avais pas été averti, je ne me serais certainement pas douté du danger que j'avais couru et de l'importance du passage que je venais de franchir.

Cette expérience produisit sur moi une double impression: elle me donna une assez pauvre idée des difficultés qui arrêtent les ingénieurs et les gouvernements, et elle me confirma dans mon opinion, déjà affermie par tant d'observations, que le canal n'était qu'une question d'argent et de volonté, etc., etc.

Mais cette désillusion m'avait rendu moins impatient de voir les deux autres rapides, dont le premier surtout, qui s'appelle le Saut (el Salto) du Castillo, me promettait cependant quelque chose de plus. Je rentrai donc dans mon nid et je priai le patron de m'avertir quand nous serions là. Mon intention était de dormir un peu en attendant. Mais j'avais compté sans les cris, les hurlements de sauvages et les chansons criardes de mon équipage, qui, mis en belle humeur par le cadeau que je lui avais fait d'une bouteille de bordeaux, se souciait fort peu de mes oreilles et de mon repos. J'avais donc inutilement essayé pendant deux heures de m'endormir à ces refrains sauvages, quand je sentis que l'embarcation s'arrêtait, et j'entendis comme le bruit d'un torrent à vingt pas de moi. Je sortis de ma cabine à la hâte. Nous étions arrivés sur une espèce de quai sans parapet, au-dessus duquel je distinguais la silhouette d'un grand hangar, et j'entendais quelques voix dans l'obscurité.

« Où sommes-nous? demandai-je au patron.

— Au fort Castillo. N'entendez-vous pas le bruit de la chute ?

— Oui, mais pourquoi vous arrêtez-vous ?

— Pour attendre que la lune soit levée, car il est fort dangereux de passer sans y voir clair.

— C'est juste. »

Le fracas torrentiel qui m'avait frappé et la ligne brisée que j'entrevoyais à vingt-cinq pas dans toute la largeur du fleuve, sans deviner ce qu'il y avait au delà, avait subitement remonté mon imagination à sa première hauteur. Cette fois, j'étais bien en présence d'un de ces fameux rapides qui arrêtaient les goélettes au XVII⁰ siècle et qui n'ont pas arrêté Nelson au XVIII⁰. J'avais déjà ressenti un vague remords de n'avoir pas vu plus complètement le Toro. Je voulus du moins connaître complètement le rapide du Castillo. Je sautai donc à terre et je demandai à la première forme humaine que je rencontrai où était le colonel Gonzalez.

« Il est couché.

— Eh bien ! allez lui porter cette lettre. »

Le soldat, car c'était un soldat, entra dans une maison en planches qui faisait suite au hangar et qui possédait, chose rare, une galerie formant étage. Quelques instants après, cette galerie s'éclaira et un jeune homme de la race et de la couleur de mes matelots, mais d'une jolie figure ornée de fines moustaches noires, parut, une bougie à la main, sur le pas de la porte et vint à moi avec empressement. C'était le colonel Gonzalez, le commandant du fort. Il n'avait pas décacheté la lettre, mais il savait par le soldat qui j'étais et il venait se mettre à ma disposition, ce qu'il fit avec une courtoisie et une cordialité parfaites. Je montai avec lui à l'étage-galerie de sa maison. En bas se trouvaient quelques hommes couchés sur le plancher, car il y avait un plancher. En haut, plusieurs hamacs étaient tendus en plein air, car la pièce n'avait d'autre mur que ses piliers de bois. Je m'installai à sa table de travail et je fis venir le patron du bateau, pour régler de suite la question qui me préoccupait.

« Si nous ne partons que demain à cinq heures du matin, à quelle heure arriverons-nous à San-Juan del Norte ?

— Après-demain matin, de bonne heure, me répondit Santiago.

— Après-demain ! Alors, j'y renonce. Je ne veux pas passer une nuit de plus dans ce bot. Nous partirons cette nuit aussitôt la lune levée. »

Mais le colonel me fit observer que même en partant tout de suite (il était six ou sept heures du soir), je n'arriverais que très avant dans la nuit, et que, par conséquent, je n'y gagnerais rien.

« Mais on m'a promis à San-Carlos que je serais à San-Juan demain entre trois et quatre heures.

— Ce n'est pas possible. L'eau est très basse et les hommes ont beaucoup à travailler. »

J'étais donc encore arrêté par cette maudite embarcation. J'avais déjà perdu un jour, puisque je devais être arrivé le 2. J'étais menacé d'en perdre encore un second, et dans tous les cas, j'avais la perspective peu agréable d'une mauvaise nuit à la veille d'un jour de travail.

Il fallut cependant me résigner. Il fut convenu que je passerais une nuit au fort, que le lendemain matin je repartirais, après avoir visité du moins en détail le fort et le Salto.

Au fond, cette solution était assez de mon goût. Je commençais à m'en remettre à la Providence du soin de me donner le temps nécessaire pour suffire aux travaux pressants, et j'étais bien aise de ne pas emporter du rio San-Juan des notions vagues et incertaines. J'acceptai donc le souper et le hamac du colonel Gonzalez, et je renonçai à lutter contre la destinée du voyageur européen.

Le souper ne me présageait d'abord rien de bon, après l'expérience que j'avais faite à San-Carlos, et surtout à une heure aussi avancée. Je fus donc très agréablement surpris de voir, un quart d'heure après, une table mise, et sur cette table, des œufs, un poisson frit, des olives, des haricots rouges et deux tasses de chocolat. J'envoyai chercher une bouteille de bordeaux, et je félicitai le colonel de son improvisation...

Le lendemain, à quatre heures et demie, un roulement de tambour me fit sortir de mon hamac, d'où j'avais examiné tout à mon aise, pendant quatre heures d'insomnie, et le fleuve qui coulait presque au-dessous de moi, et la chute que la lune me permettait d'embrasser en entier. Cette chute n'était, en définitive, qu'une pente très rapide sur un lit de roches invisibles. Ce courant se prolongeait sur un espace d'à peu près deux cents mètres, produisant une différence de niveau de quatre à cinq mètres environ. Mais comme l'allure de la rivière n'était pas uniforme, comme le milieu était plus accidenté que les bords et que d'ailleurs la rive gauche dessinait une courbe très arrondie qui ralentissait le courant de ce côté, il en résultait des tourbillons, des remous, des vagues frémissantes qui faisaient de l'ensemble quelque chose d'assez menaçant [1]. Au fond, tout se réduisait, pour les vapeurs de la rivière, à une absence de profondeur suffisante pour leur permettre de passer. Encore en a-t-on vu souvent franchir hardiment l'obstacle même en été ; à plus forte raison en hiver, où cet obstacle n'en est plus un. Quant aux pirogues indiennes et aux autres embarcations du pays, elles savent très bien descendre le fleuve en suivant la courbe arrondie de la rive gauche, en se faisant tirer par des cordes sur la rive droite, comme sur les chemins de halage de nos canaux. On donne même à ces deux passages le nom de canal, et il n'y a pas d'exemple que ce double canal ait donné lieu à aucun accident.

J'avais remarqué, dès la veille, qu'un chemin de fer longeait le quai tout près du bord et aboutissait au hangar où j'avais débarqué. Ce tronçon de rails rappelait l'époque du transit et servait précisément à l'opération nécessitée par le rapide. Le service était alors organisé de telle façon que les vapeurs de la rivière remontaient de San-Juan jusqu'au Castillo, s'arrêtaient au-dessous de la chute, au point de départ du railway, déchargeaient les passagers et marchandises, qui étaient immédiatement voiturés jusqu'au hangar, au-dessus du rapide, et passaient de là sur un nouveau vapeur qui les conduisait jusqu'au Toro, où les attendait le vapeur du lac. Il y avait ainsi deux transbordements dans

---

[1] Il existe un plan fait en 1860, avec rapport à l'appui, pour un canal de dérivation à faire au passage des rapides de Castillo, à partir du coude presque à angle droit que fait le fleuve, après le dernier tourbillon, à la hauteur de l'embouchure de la rivière de Costa-Rica, qui s'y jette sur sa rive droite, jusqu'au delà des rapides du Castillo à la hauteur de l'embouchure du rio Savalla (rive gauche) et de l'île Juana.

la traversée de San-Juan del Norte à la Virgen, tête de ligne du transit par terre. Il pouvait même y en avoir un troisième, à une lieue au-dessous du Castillo, à un endroit nommé *Machuca,* du nom d'une petite rivière voisine (où je devais rencontrer plus tard le troisième rapide). Alors un tout petit vapeur faisait le service de Machuca au Castillo ; et ce petit vapeur, par une coïncidence singulière, se trouvait précisément en ce moment au port inférieur du Castillo, où deux ouvriers, envoyés le jour même par Webster, étaient chargés de le nettoyer et de le réparer.

J'avais été frappé, la veille, de la construction presque européenne du hangar et de la maison en planches, quoiqu'elle fût en mauvais état. Je fus frappé, le lendemain, de la tenue du port, formé de grosses poutres en pilotis soutenant le bord à pic de la rivière. C'était le premier travail de ce genre que je voyais au Nicaragua. Je sus bientôt que la maison avait été bâtie par un Américain, qui la destinait à un hôtel, et que le port était l'œuvre d'un Français. Ce devait être. Les Nicaraguiens, dans l'état actuel de leur intelligence et de leur activité, ne sont pas des créateurs et des organisateurs. On peut dire à coup sûr, en voyant un établissement qui exige une certaine civilisation, qu'il n'est pas leur œuvre. L'idée même ne leur vient pas de mettre un clou pour empêcher une dégradation, ou de combler un trou qui peut devenir un abîme. Le port du Castillo était ébréché par le temps et vis-à-vis même du hangar, il avait besoin de quelques poutres et d'un tombereau de pierres pour éviter de plus déplorables dégradations, surtout à la veille des pluies torrentielles de l'hiver. C'eût été, pour les quatre-vingts hommes de la garnison, l'affaire d'une demi-heure de travail, et en Europe, le travail aurait été fait sans que personne eût eu besoin de le commander. Au Nicaragua, il n'est venu à l'esprit de personne d'utiliser ainsi cent soixante bras inoccupés, et si je retourne dans six mois au fort Castillo, j'y retrouverai le même trou, à moins que le port tout entier n'ait été emporté par les eaux, auxquelles il offre aujourd'hui une issue.

Cependant, le Castillo, par sa position, mérite qu'on s'occupe de l'améliorer. Ce n'est ni une ville, ni un village, car il n'y a en tout aujourd'hui que trois maisons, y compris le hangar, et deux ranchos, et la population civile s'y réduit à trois familles. Tout a été brûlé par Walker, comme à la Virgen. Mais du temps du transit, c'était un centre important : cinq hôtels, beaucoup de commerce, et il le redeviendra avec son rétablissement. C'est d'ailleurs une position militaire qui en fait la clef du Nicaragua. Bien commandé, ce point peut arrêter une armée avec quelques centaines d'hommes. La reddition d'Alvarado ne prouve rien. C'est le coup de tête d'un lâche qui voyait les soldats malades et à qui la pensée ne vint pas de se défendre. Avec trente hommes, le colonel Cauty en avait arrêté cinq cents auparavant et les avait forcés de se retirer après leur avoir fait subir de grandes pertes. On ne peut tourner la position, parce que tout le pays est inondé à trois ou quatre lieues dans l'intérieur des terres. On indique même sur les cartes : *Muchos esteros*. Ces *esteros* sont des dérivations du San-Juan, produites par l'élévation continuelle de son lit.

Quant aux établissements militaires du Castillo, ils sont nuls, ou plutôt ils consistent dans le vieux fort tel qu'il a été construit par les Espagnols, sans que jamais on y ait remis une pierre. Aussi est-il dans un état de délabrement inimaginable....

Je trouvai dans le fort un Français, qui y commandait une vingtaine d'hommes. C'était un Alsacien de Mulhouse, du nom de Guillaume Hanger, qui, lui aussi, avait été victime des bandits de Walker. Il revenait de Californie avec 6,000 piastres, juste au moment où ces misérables étaient maîtres du transit et du pays. On l'avait entièrement dépouillé à la Virgen, et comme il ne se laissait pas ravir le prix de ses sueurs sans se défendre, on lui avait tiré un coup de revolver qui l'avait laissé pour mort. Revenu par miracle de cette blessure et réduit à la plus profonde misère, Hanger avait courageusement recommencé sa vie, et il était parvenu à organiser, avec des mules, un petit commerce dans l'intérieur. Mais la fatalité l'avait fait tomber une seconde fois entre les mains des flibustiers, et une seconde fois il avait été dépouillé de tout, même de sa dernière mule. Alors, Hanger, qui avait été soldat en France, avait offert ses services au Nicaragua, en attendant que des temps plus heureux et un peu moins d'impunité acquise au banditisme lui permissent d'employer avec quelque sécurité ses aptitudes commerciales. Ce brave officier, vêtu d'une blouse à boutons, me racontait cette histoire d'un ton grave, que sa figure pâle et sévère rendait émouvant, sans qu'il lui échappât une seule parole de haine ou de vengeance contre ses détrousseurs. Il ne regrettait que de ne pouvoir rentrer en France et revoir sa famille, avec une fortune honorablement acquise, et il était prêt à recommencer encore l'édifice de cette fortune, pour peu qu'on lui ouvrît une issue à venir.

Je lui demandai comment il subvenait à ses besoins.

« J'ai dix réaux par jour du gouvernement pour ma solde et huit pistoles de plus pour ma nourriture par mois. Avec cela, je fais comme je puis. Mais vous comprenez bien que nous ne sommes pas très heureux. Nous n'avons pas de la viande une fois par mois.

— Mais pourquoi n'établissez-vous pas un parc de bestiaux derrière vos collines? Il y serait en sûreté, et vous auriez de la viande tous les jours.

— On y a pensé; l'inspecteur, M. Vega, m'a même dit que le gouvernement avait passé des marchés, mais qu'il manquait de moyens de transport.

— Et avez-vous au moins du maïs, du riz et des haricots?

— En ce moment, nous n'avons plus de maïs que pour un jour, et il ne nous reste ni riz, ni haricots. Nous en attendons aujourd'hui de San-Carlos.

— Et s'il n'arrivait pas?

— Nous mangerions alors des bananes, qui ne manquent pas.

— Pourquoi ne plantez-vous pas vous-même des légumes, des pommes de terre, par exemple?

« Nous n'avons pas de graines ; sans cela, il y a longtemps que j'aurais organisé quelques plantations. »

. . . .

Cinq pièces de canon : une de 9, deux de 4, américaines, et deux de 12, françaises, avec 50 boulets environ pour chacune.

Des munitions pour cent hommes, presque tous fusils à percussion.

Il y a au Toro un rancho habité par un Américain. C'est la seule habitation de San-Carlos au Castillo. Le pays est complètement inconnu.

Les estéros rendent le pays malsain. Les Costa-Riciens y étaient tous malades.

— J'ai quitté le Castillo à six heures du matin, après avoir traversé très rapidement le rapide. Le petit vapeur était amarré au port inférieur. Sa forme me parut singulière. C'était un simple bateau plat ponté, avec galerie. Au milieu, la cheminée, et à l'avant, la roue, qui avait toute la largeur du bateau. Rien de plus simple que cet appareil. Les passagers sont garantis du soleil par le toit de la galerie et ils ne sont gênés par aucun aménagement. Ces navires ne doivent pas tirer plus de deux à trois pieds d'eau.

J'en avais rencontré un, la veille, renversé dans l'eau depuis plusieurs années et couvert de très hautes herbes. C'était, je crois, l'*Ométépé*. J'en ai rencontré depuis quatre ou cinq autres plus ou moins enfouis dans la vase du fleuve ; un entre autres, construit avec deux roues latérales et dans de plus fortes dimensions, occupait le milieu du fleuve, et ressemblait à un jardin flottant, tant il était couvert d'arbustes et de végétation.

Une heure après mon départ du Castillo, j'ai rencontré le Machuca, le troisième rapide. C'est à peu près le phénomène du Salto, avec la moitié moins de pente et trois ou quatre fois plus d'étendue. Le Machuca a cela de particulier que les rochers sortent de l'eau sur plusieurs points et que le courant n'occupe presque jamais qu'un des côtés de la rivière. Aussi est-il fort rare qu'on ne puisse pas le remonter. Les roches sont des produits volcaniques venus de je ne sais où.

Hors de ces trois courants, la pente est toujours imperceptible.

Avec le Castillo commence la grande, la merveilleuse végétation, les murailles vertes de 120 pieds, les fourrés insondables, les arbres gigantesques, les troncs énormes, les splendides cocotiers, qui font de cette rivière un enchantement et une magnificence sans fin. A mesure qu'on avance à travers des courbes capricieuses, le sol riverain s'exhausse, les collines se dessinent, des dômes de verdure surplombent la rive, les bois fugitifs multiplient leurs perspectives enchanteresses, la flore déploie enfin cette richesse tropicale qui lui est propre et qui en fait une des merveilles du nouveau monde.

Même après le San-Carlos, le plus fort des affluents du fleuve après le Sarapiqui, il y a si peu de courant, qu'un bateau livré à lui-même tourne très lentement sur son axe, mais ne dérive pas, où il le fait avec une lenteur qui équivaut à l'immobilité.

Iles nombreuses et splendides.

Pas une maison jusqu'à San-Carlos, depuis la maison du dernier rapide.

Dans tout le lac de Nicaragua, nous n'avions rencontré qu'une embarcation. Dans la rivière, en approchant de Greytown, on en rencontre de temps en temps. Dans l'une de ces dernières, c'était une femme, une Indienne, qui était conduite comme moi, ce qui n'empêchait pas l'équipage d'être entièrement nu, à l'exception d'un petit morceau de linge soutenu par une corde autour des reins.

4 juin. — Arrivé à Greytown à six heures du matin, vendredi. Organisation de la société du transit. Trouvaille des deux lettres.

Elles sont portées au conseil le lundi 7.

M. de Barruel part avec les pièces et des lettres pour le président Martinez, etc.

. . . .

Le port de Greytown s'ensable avec une rapidité effrayante.

L'entrée du port n'a plus que 22 ou 24 pieds ; les trois-ponts ne peuvent la franchir, et quand l'escadre anglaise était l'année dernière à Greytown, les trois-ponts se tenaient en dehors et communiquaient avec les autres bâtiments par des signaux.

M. Jean Mesnier me raconte que, quand il est arrivé à San-Juan, il y a vingt-cinq ans, les navires mouillaient en face de son warf, par un fond de 16 à 18 pieds. Il n'y avait ni îles, ni herbages. Aujourd'hui, les îles et le sable envahissent tout. Dans dix ans, le port sera absolument comblé, à moins que...

La pointe de Castillo elle-même n'avait guère que le tiers de sa longueur actuelle, là où sont les bateaux de la Compagnie.

Il y a dix ans, l'on mouillait même encore devant la ville. Aujourd'hui, c'est à plus d'un mille et demi du rivage.

Les briques viennent des États-Unis comme les planches, tandis qu'il y a partout une merveilleuse terre rouge et des bois prodigieux.

Les briques coûtent à Greytown 12 francs le cent. Une machine à briques coûtant 5,000 francs ferait 10,000 briques par jour. Qu'on calcule quel serait le bénéfice. Il en serait de même d'une scie mécanique.

— On reçoit à Greytown les journaux des États-Unis, de temps en temps, de mois en mois, jamais quand ils contiennent des nouvelles favorables à l'Amérique centrale. C'est un système qui atteint tout le monde et contre lequel les protestations sont inutiles. Les abonnés sont bien heureux quand ils ne sont pas complètement oubliés.

Il y a trois semaines, il m'est arrivé une lettre d'Europe à Greytown. J'étais alors à Managua. La lettre a été renfermée dans une autre lettre adressée à M. Antonin de Barruel et le tout a été expédié au président Martinez. Mais dans l'intervalle, j'étais revenu de Managua à Grenade et de Grenade à Greytown. La lettre fut réclamée avec d'autres ; le président en annonça l'envoi, mais elle n'arriva pas. J'étais assez inquiet de cette disparition d'une lettre qui, venant d'Europe, devait contenir des nouvelles importantes pour moi, et peut-être des valeurs ou des pouvoirs attendus, quand j'ai eu aujourd'hui l'explication de cette contrariété.

Un M. Miller, qui se dit agent de Vanderbilt, vient de revenir de Grenade et il se vante d'avoir fait main basse, dans les bureaux de cette ville, sur toute la correspondance du Nicaragua et de posséder ainsi tous les secrets de ses concurrents et de ses ennemis. Il cite même les noms de personnes auxquelles il a volé ainsi des lettres plus ou moins importantes, et je suis du nombre de ces personnes, avec le consul américain et le consul général anglais. Cette histoire, comme on le pense bien, fait beaucoup de bruit et jette la désolation dans beaucoup de maisons. Mais on est habitué à tant de coquineries de la part de ces aventuriers, que personne ne songe à arrêter et à pendre cet effronté coquin, et que le consul américain lui-même, dont la correspondance volée paraît être très considérable, courbe la tête devant cet acte de flibusterie de son compatriote.

Un d'eux, Kinney, se faisait passer pour le Christ; il le disait même aux hommes sérieux, à M. de Barruel, par exemple.

Mais le plus étrange de tout ceci, c'est que M. Miller lui-même veut me confier ses lettres pour Vanderbilt. L'honorable flibustier n'a jamais pu les faire parvenir par ses amis ou par les navires américains, ni même par les agents des États-Unis. Il a été flibusté par tous ceux de sa nation. Il s'adresse à la loyauté d'un Français.

16 juin. — Hier sont parties, par le courrier de San-José, une lettre pour M. de Vars; une autre pour M. Mora, accompagnée de l'acte provisoire, etc.

M. Antonin de Barruel m'écrit de San-Carlos qu'il y a beaucoup d'enthousiasme dans le pays pour la Compagnie centre-américaine. Je m'embarquerai demain peut-être pour New-York; et puis, en Europe.

Ici, le troisième des cahiers dont nous avons pu extraire ces fragments s'arrête devant une lacune considérable, car les notes ne reprennent qu'à la date du 1er janvier 1863. Pour ces cinq années, on peut recourir au grand ouvrage de l'auteur. Les notes ajoutaient, sans doute, bien des détails au livre; elles manquent Au 1er janvier 1863, on retrouve M. Belly à San-José, après plusieurs voyages en Europe, et les nouvelles notes ne sont pas sans intérêt. Elles sont précieuses surtout pour les années qui ont suivi la publication de ses deux volumes. Mais là aussi, il existe une lacune qui ne cesse que dans de rares cahiers, de 1872 à 1876. Toutes ces pages ont été utilisées pour la biographie de M. Belly.

TABLE DES MATIÈRES.

CARTE
DE
L'ISTHME AMÉRICAIN.
avec les divers projets de percement.
GOLFE DU MEXIQUE
GOLFE DE CAMPÊCHE
YUCATAN
MEXIQUE
GOLFE DE TEHUANTEPEC
GUATEMALA
HONDURAS
SALVADOR
GOLFE DE FONSECA
OCÉAN PACIFIQUE
OCÉAN ATLANTIQUE
NICARAGUA
LEON
LAC MANAGUA
BAIE DE BRITO
SAN CARLOS
CASTILLO
GREYTOWN
MOSQUITOS
BAIE DE SALINAS
LIBERIA
COSTA RICA
S. JOSÉ
PUNTA ARENAS
COLOMBIE
PANAMA
BAIE DE PANAMA